HELEN PLUCKROSE E JAMES LINDSAY

(IN)JUSTIÇA SOCIAL

Desmontando mentiras e teorias absurdas sobre raça, gênero e identidade – e os males autoritários do politicamente correto.

Uma versão de fácil entendimento para o leitor de *Teorias cínicas*

ADAPTAÇÃO DE REBECCA CHRISTIANSEN

COPYRIGHT © FARO EDITORIAL, 2022
COPYRIGHT © 2022 BY HELEN PLUCKROSE AND JAMES LINDSAY
THIS BOOK IS BASED ON CYNICAL THEORIES: HOW ACTIVIST SCHOLARSHIP MADE EVERYTHING ABOUT RACE, GENDER, AND IDENTITY—AND WHY THIS HARMS EVERYBODY BY HELEN PLUCKROSE AND JAMES LINDSAY, FIRST PUBLISHED BY PITCHSTONE PUBLISHING IN 2020, AND WAS ADAPTED BY REBECCA CHRISTIANSEN

THIS EDITION PUBLISHED BY ARRANGEMENT WITH PITCHSTONE PUBLISHING C/O SUSAN SCHULMAN A LITERARY AGENCY, NEW YORK

Todos os direitos reservados.
Nenhuma parte deste livro pode ser reproduzida sob quaisquer meios existentes sem autorização por escrito do editor.

Avis Rara é um selo de Ciências Sociais da Faro Editorial.

Diretor editorial **PEDRO ALMEIDA**

Coordenação editorial **CARLA SACRATO**

Preparação **TUCA FARIA**

Revisão **HELÔ BERALDO E THAÍS ENTRIEL**

Imagens de capa **JACOB LUND, LIDO | SHUTTERSTOCK**

Dados Internacionais de Catalogação na Publicação (CIP)
Jéssica de Oliveira Molinari CRB-8/9852

Pluckrose, Helen
  Injustiça social : desmontando mentiras e teorias absurdas sobre raça, gênero e identidade e os males autoritários do politicamente correto / Helen Pluckrose, James Lindsay, Rebecca Christiansen ; tradução de Carlos Szlak. — São Paulo : Faro Editorial, 2022.
  176 p.

  ISBN 978-65-5957-129-1
  Título original: Social injustice

  1. Ciências sociais 2. Política I. Título II. Lindsay, James III. Christiansen, Rebecca IV. Szlak, Carlos

22-0901   CDD 300

Índice para catálogo sistemático:
1. Ciências sociais

1ª edição brasileira: 2022
Direitos de edição em língua portuguesa, para o Brasil, adquiridos por FARO EDITORIAL.

Avenida Andrômeda, 885 — Sala 310
Alphaville — Barueri — SP — Brasil
CEP: 06473-000
www.faroeditorial.com.br

Para a Geração Z,
que é a nossa maior esperança.

SUMÁRIO

Introdução **9**

1. Pós-modernismo **15**
   QUESTIONANDO O CONHECIMENTO E O PODER

2. Virada para o pós-modernismo aplicado **28**
   TORNANDO A OPRESSÃO REAL

3. Teoria pós-colonial **37**
   DESCONSTRUINDO O OCIDENTE PARA SALVAR O OUTRO

4. Teoria *queer* **54**
   LIBERTANDO DO NORMAL O GÊNERO E A SEXUALIDADE

5. Teoria crítica da raça e interseccionalidade **70**
   ACABANDO COM O RACISMO AO VÊ-LO EM TODOS OS LUGARES, SEMPRE

6. Feminismos e os estudos de gênero **87**
   DESEMPENHANDO E PROBLEMATIZANDO

7. Estudos sobre deficiência e sobre o corpo gordo **102**
   SUBSTITUINDO A CIÊNCIA PELA DOCE ILUSÃO

8. Estudo acadêmico e pensamento sobre Justiça Social Crítica **118**
   TORNANDO A TEORIA VERDADEIRA

9. Justiça Social Crítica em ação **135**
   COLOCANDO EM PRÁTICA O QUE A TEORIA PREGA

10. O liberalismo como uma alternativa à Justiça Social Crítica **150**
    INCENTIVANDO A DISCUSSÃO E O DEBATE

Glossário **168**

Notas **170**

INTRODUÇÃO

Esta obra é como se fosse um livro introdutório a respeito, por exemplo, da história mundial, mas em vez de se concentrar em pessoas, acontecimentos, inovações e datas importantes, e como todos atuaram em conjunto para influenciar o curso da história, demos enfoque à evolução de um conjunto específico de *ideias* e a como essas ideias vêm influenciando e permeando a história que vivemos hoje. Como você verá, *de que maneira* ou *se* essas novas ideias definirão o nosso futuro dependerá em grande parte dos princípios e das posições que assumimos agora. A proliferação desse conjunto específico de ideias representa um desafio e costuma entrar em conflito direto com outro conjunto de ideias importantíssimo, referido coletivamente como "liberalismo". Você talvez se surpreenda ao saber que o significado dessa palavra é um tanto diferente daquele que costumamos encontrar quando ela é usada nas discussões políticas atuais. Na verdade, o liberalismo é a base sobre a qual as sociedades modernas do Ocidente foram erguidas e é essa base que continua a permitir tanto progresso humano.

A história exata de como e por que o liberalismo veio a superar muitas outras ideias e se tornar a filosofia política fundamental no Ocidente está além do escopo deste livro, mas, em termos mais simples, ao longo dos últimos duzentos anos, aproximadamente, a maioria dos países ocidentais pouco a pouco veio a perceber que o liberalismo é a melhor filosofia política para a construção de uma civilização moderna. Existem muitos sistemas políticos diferentes nos países ocidentais, desde as repúblicas dos Estados Unidos e da França até a monarquia constitucional do Reino Unido e do Canadá, mas todos são sustentados pelos mesmos valores liberais, dentre os quais incluem-se:

(IN)JUSTIÇA SOCIAL

- Democracia.
- Governos limitados.
- Separação entre Igreja e Estado.
- Direitos humanos universais.
- Igualdade para mulheres, minorias raciais e pessoas LGBTQIA+.
- Liberdade de expressão.
- Respeito pelo valor de opiniões divergentes e pelo debate honesto.

Hoje, esses valores podem parecer senso comum. Porém, eles não devem ser vistos como concedidos nem ser admitidos como fatos consumados. Esses valores só começaram a se consolidar no século XVIII, durante o período conhecido como iluminismo, e foram necessários séculos de luta contra a superstição, a teocracia, a escravidão, o patriarcado, o colonialismo e o fascismo para concretizá-los na extensão que temos atualmente. Essa extensão é considerável, mas não perfeita. O objetivo de uma era de ouro da ciência, da razão e dos direitos individuais com base nas crenças em uma realidade objetiva e uma humanidade universal compartilhadas é o projeto contínuo do iluminismo e do liberalismo.

Na década de 1960, surgiu no meio acadêmico uma nova ideia que questionaria tudo, incluindo a própria base das sociedades liberais. Essa ideia é conhecida como pós-modernismo, um movimento filosófico, artístico e literário extremamente cético — tão cético que não acredita na verdade objetiva ou no conhecimento objetivo. Parece loucura, mas é verdade. O pós-modernismo crê que tudo está corrompido pela política e pelo poder político, até mesmo o próprio conhecimento.

As ideias pós-modernas constituíram uma ampla literatura própria chamada *Teoria* — considere-a como o conjunto de textos religiosos do pós-modernismo. Desde a década de 1960, a Teoria se espalhou por governos e empresas e pela educação primária, secundária e pós-secundária. Nos últimos anos, gerou um movimento de ativistas que usou o pós-modernismo como arma na busca da "justiça social". Aliás, é quase certo que você tenha deparado com uma *grande* quantidade de Teoria ao longo dos últimos anos, mesmo que ela nunca tenha lhe sido apresentada diretamente como tal.

O termo "justiça social" tem significados diferentes. Em 1971, John Rawls, filósofo progressista liberal, desenvolveu uma teoria filosófica sobre como uma sociedade socialmente justa poderia ser organizada. Ele considerava que uma sociedade socialmente justa seria aquela em que o indivíduo se sentiria feliz por ter nascido em qualquer meio social ou grupo identitário, fosse no topo ou na base da sociedade, porque mesmo aqueles na base prosperariam e as injustiças, como a discriminação, seriam raríssimas ou estariam totalmente ausentes.

Hoje, o movimento mais visível e popular que assume a responsabilidade pela justiça social utiliza a Teoria pós-moderna para buscar a justiça social. A sua ideologia — um sistema de opiniões e crenças que visa explicar e mudar a sociedade — é chamada por ele de "Justiça Social", "Movimento pela Justiça Social" ou, às vezes, mais especificamente, "Justiça Social Crítica". Muitos, incluindo os seus críticos, chamam isso de *"woke"* (por acreditarem estar "despertas" [*"awake"*] para a injustiça "sistêmica"). Essa é a Teoria que você, sem dúvida, está encontrando regularmente na escola, no trabalho, *on-line* ou por aí com os amigos, o que pode lhe causar certa confusão. Por uma questão de clareza — e porque ela também deriva de outra tradição do século xx denominada "Teoria Crítica" —, vamos nos referir a esse movimento específico que tem como base a Teoria como "Justiça Social Crítica" e à ideia mais ampla e mais geral de que todos merecem direitos e oportunidades iguais vamos nos referir como "Justiça Social".

É importante notar que "crítica", a palavra modificadora em "Justiça Social Crítica", possui um significado acadêmico específico relacionado à "crítica" e, assim, não implica uma análise objetiva como em "pensamento crítico". Em vez disso, refere-se a uma abordagem específica e *iliberal* que não acredita na objetividade e procura explicar vagamente como a sociedade falha em ser perfeita ou mesmo uma utopia.

Inúmeras pessoas têm opiniões fortes sobre *"wokeness"* ou Justiça Social Crítica, talvez até você. Eis a nossa posição, que permeará grande parte deste livro: nós nos opomos à Justiça Social Crítica porque acreditamos na Justiça Social. Em outras palavras, acreditamos que a Justiça Social Crítica dá respostas erradas para questões importantes sobre raça, gênero e identidade e não apresenta um caminho para a verdadeira justiça social. Além disso, acreditamos que a abordagem da Justiça Social Crítica contraria grande parte dos valores liberais básicos descritos anteriormente; que os direitos pertencem aos indivíduos e não a grupos; e que ideais como verdade, objetividade e mérito devem ser centrais para garantir esses direitos — e justiça. Ou seja, defendemos uma sociedade mais justa, que reduza ao mínimo os impactos da discriminação e do preconceito que tenham como base a identidade, mas rejeitamos tanto a pressão exercida por direitos inspirados em grupos como os métodos pelos quais o movimento pela Justiça Social Crítica procura alcançá-los.

(IN)JUSTIÇA SOCIAL

Quase todos os dias aparece uma história sobre alguém que foi demitido, "cancelado" ou submetido à humilhação pública nas redes sociais por ter dito ou feito algo interpretado como sexista, racista ou homofóbico. Às vezes, as acusações são justificadas e podemos nos confortar sabendo que um fanático — alguém, é claro, totalmente diferente de nós — está recebendo a punição que "merece". No entanto, com crescente frequência, parece que qualquer indivíduo, mesmo um que tenha firmeza na sua crença na liberdade e igualdade universais, pode inadvertidamente dizer ou fazer algo que o movimento da Justiça Social Crítica não gosta e enfrentar consequências devastadoras.

Na melhor das hipóteses, isso tem um efeito de espanto na nossa cultura de liberdade de expressão, um princípio fundamental do liberalismo que produziu muito conhecimento e progresso moral nos últimos dois séculos. Na pior das hipóteses, é uma forma mal-intencionada de *bullying* e, quando institucionalizada, uma espécie de totalitarismo.

Em qualquer caso, não é liberal; é *iliberal*.

Essas mudanças se originam de uma visão de mundo muito peculiar, que fala a sua própria língua. Quando os acadêmicos e ativistas orientados pela Justiça Social Crítica falam de racismo, por exemplo, eles não se referem ao preconceito com base na raça. Eles têm a sua própria definição, que pode ser resumida como "um sistema racializado que permeia todas as interações na sociedade, ainda que amplamente invisível, exceto para aqueles que o experimentam ou para quem foi treinado nos métodos adequados para percebê-lo".

Esse uso muito especializado da palavra inevitavelmente confunde a pessoa comum. Muitos de nós sentimos que algo está errado, mas pode ser difícil formular uma resposta, sobretudo quando objeções costumam ser incompreendidas ou deturpadas e consideradas como oposição à justiça social genuína.

Além da sua própria linguagem, esses acadêmicos e ativistas também parecem ter a sua própria cultura. São obcecados por poder, linguagem, conhecimento e pelas relações entre eles. Detectam a dinâmica de poder em cada interação, elocução e artefato cultural. A sua visão de mundo converte tudo em uma luta política, girando em torno de marcadores de identidade como raça, sexo, gênero, sexualidade e muitos outros.

Como viajantes experientes sabem, a comunicação em uma cultura diferente envolve mais do que o aprendizado da língua. Também é necessário o aprendizado das expressões idiomáticas, das implicações, das referências culturais e das normas de comportamento. Frequentemente, precisamos de alguém que não seja apenas

INTRODUÇÃO

um tradutor, mas também um *intérprete*, alguém conhecedor de ambas as práticas para nos ajudar a nos comunicarmos de forma eficaz. Esse é o motivo de termos escrito este livro. Ele o guiará pela linguagem e cultura deste mundo, que continua estranho para muitos, traçará a história da evolução dessas ideias e proporá uma maneira de se opor a elas para aqueles que acreditam nos valores liberais.

Alguns defensores da Justiça Social Crítica insistirão que aqueles com uma mentalidade liberal são apenas reacionários de direita, que não creem na injustiça sofrida pelas pessoas marginalizadas. Outros rejeitarão a postura liberal, empírica (baseada em evidências) e racional sobre as questões, considerando-a uma ilusão superada que põe no centro a construção de conhecimento branca, masculina, ocidental e heterossexual e mantém um *status quo* injusto. "As ferramentas do mestre nunca desmantelarão a casa do mestre", eles nos dirão.

Embora essa afirmação em si provavelmente não seja verdadeira, ela representa à perfeição as nossas intenções. Não queremos desmantelar as sociedades liberais e os conceitos empíricos e racionais do conhecimento. Queremos levar adiante os avanços notáveis em favor da justiça social que eles trouxeram. A casa do "mestre" é boa — o problema tem sido o acesso limitado a ela. O liberalismo aumenta o acesso a uma estrutura sólida que pode abrigar e capacitar todos. Derrubar a casa liberal pode tornar a igualdade de acesso mais rápida e fácil de conseguir, mas a igualdade de acesso a uma pilha de escombros não é um objetivo digno.

Sempre que você encontrar ideias referentes à Justiça Social Crítica, seja na escola, no trabalho, em casa, *on-line* ou entre os seus amigos, é importante manter a mente aberta e considerar cada ideia pelos próprios méritos, assim como esperamos que você mantenha a mente aberta para as ideias que apresentamos neste livro. Mesmo que você discorde enfaticamente de quase todas as ideias referentes à Justiça Social Crítica, como nós mesmos discordamos, lembre-se de que aqueles que creem nelas não são inimigos a serem derrotados. Eles ainda são seus colegas de classe, pares, colegas de trabalho, amigos e familiares, e talvez até seus professores ou chefes. É provável que você tenha muito em comum com eles. Mesmo assim, às vezes, pode se sentir alienado ou incompreendido, mas ficar com raiva ou frustrado é a resposta errada. A abordagem com *compreensão* é a resposta certa. Isso inclui ter uma posição própria e íntegra relacionada à justiça social sobre a qual se apoiar — de preferência, que tenha como base valores liberais tradicionais. Dessa maneira, é possível criar um caminho para se ter conversas produtivas e ideologicamente diversificadas sobre essas questões importantes. Esperamos que este livro mostre alguns dos conhecimentos e algumas das ferramentas necessárias para você ter essas conversas — e até mesmo para que descubra os seus próprios princípios e crenças.

Aqueles com uma visão de mundo orientada pela Justiça Social Crítica e aqueles com uma visão de mundo liberal costumam vislumbrar os mesmos problemas. Afinal de contas, os ativistas orientados pela Justiça Social Crítica querem um mundo justo — a mesma coisa que nós queremos. Eles apenas têm ideias de como chegar lá que são diferentes das nossas e talvez não entendam por que nós, como liberais, sustentamos não só que as suas ideias não funcionarão, como também que, em última análise, elas acabarão por fazer mais mal do que bem.

Se ambos os lados ouvirem um ao outro de boa-fé, poderemos chegar a um consenso. Nem sempre é fácil, mas manter a mente aberta e se envolver em um diálogo franco é sempre o caminho correto.

CAPÍTULO 1

Pós-modernismo

QUESTIONANDO O CONHECIMENTO E O PODER

Na década de 1960, foi introduzida na França uma maneira nova e radical de pensar sobre o mundo e sobre o nosso lugar nele. As principais figuras por trás dessa nova forma de pensar foram Michel Foucault, Jacques Derrida, Jean-François Lyotard, entre outros. Embora a maioria das pessoas no mundo de língua inglesa provavelmente não tenha ouvido falar desses Teóricos franceses, a mudança que eles suscitaram — o pós-modernismo — revolucionou a filosofia social, o estudo da sociedade e as instituições e as relações humanas que as constituem. Ao longo das décadas, o pós-modernismo não só alterou drasticamente o que e como pensamos, mas também como pensamos a respeito do próprio pensar. Isso levou muitos de nós a questionar como sabemos o que acreditamos saber e mesmo se podemos realmente saber *alguma coisa*.

Uau.

Então, o que é, na verdade, o pós-modernismo? A *Encyclopedia Britannica on-line* define deste modo:

> (...) um movimento do final do século xx caracterizado por amplo ceticismo, subjetivismo ou relativismo; uma desconfiança geral da razão e uma sensibilidade aguçada quanto ao papel da ideologia na afirmação e manutenção do poder político e econômico.

O pós-modernismo surgiu inicialmente nas artes por volta de 1940, mas no final da década de 1960 estava presente nas ciências humanas e sociais, incluindo áreas como psicanálise, linguística, filosofia, história e sociologia. Os primeiros pensadores nessas áreas se basearam em seus precursores no âmbito da arte

(IN)JUSTIÇA SOCIAL

surrealista, na política revolucionária e na filosofia antirrealista. (A filosofia "antirrealista" afirma que, embora o mundo real possa estar por aí, não existe conexão significativa entre ele e nossas alegações de conhecimento a respeito deles — o conhecimento envolve apenas *ideias* expressas em *palavras*, e não a realidade ou mesmo uma descrição verdadeiramente significativa da realidade.)

Como estamos nos concentrando em aspectos do pensamento pós-moderno que foram aplicados ao mundo real e se tornaram social e culturalmente poderosos hoje, este capítulo não será um resumo completo do pós-modernismo. Destacaremos alguns temas subjacentes do pós-modernismo que impulsionam o ativismo atual orientado pela Justiça Social Crítica, moldam a teoria e a prática educacional e dominam nossas conversas atuais sobre a justiça social.

Raízes, princípios e temas do pós-modernismo

Como todos os movimentos intelectuais, o pós-modernismo surgiu em um contexto sociopolítico específico. No entanto, para entender o contexto moderno do qual ele surgiu, precisamos primeiro compreender um pouco sobre o passado. Entre outras coisas, devemos considerar o papel que o ceticismo, ou uma atitude de questionamento, desempenhou na formação da história desde o século xvi, quando o cristianismo se dividiu em diferentes seitas durante o período conhecido como Reforma. Todos esses novos grupos desafiaram os velhos hábitos e uns aos outros. No final do século xvi, tratados contra o ateísmo também começaram a aparecer, o que sugere que algumas pessoas daquela época tinham deixado de acreditar em Deus.

Até então, a maior parte do conhecimento científico viera dos antigos gregos. Porém, no século xvii, a medicina e a anatomia passaram por uma revolução, e os europeus rapidamente aprenderam muito sobre o corpo humano. Outros avanços revolucionários foram alcançados na matemática, física e astronomia. Coletivamente, esses desenvolvimentos desempenharam um papel decisivo na ascensão do pensamento iluminista, que se desprendeu das narrativas religiosas então dominantes e se espalhou pela Europa no século xviii. Esse pensamento iluminista incluía as ideias e os princípios liberais nos quais as sociedades ocidentais modernas passaram a ter como base. Por sua vez, esses avanços levaram ao surgimento do método científico no século xix, que se centrou no ceticismo, questionando o pensamento convencional, e na necessidade de testes e alterações cada vez mais rigorosos — o processo de tentar provar que as coisas são falsas.

Uma série de avanços rápidos no início do século XX, incluindo a crescente volatilidade política e, mais à frente, a guerra na Europa, contribuiu para mudar o que se pensava sobre classe e gênero, o que deu origem a uma linha de pensamento e arte que veio a ser conhecida como modernismo. Os produtos desse movimento filosófico, artístico e cultural incluíam a estranha mistura de ceticismo pessimista acerca da realidade e do progresso e o foco na subjetividade, com uma crença excessivamente confiante nas verdades individuais e universais e no potencial da inovação.

Em meados do século XX, mudanças sociais e políticas profundas aconteceram em um curto período. A Primeira e a Segunda Guerra Mundial abalaram a confiança europeia na noção de progresso e deixaram as pessoas desconfiadas do poder da tecnologia, uma vez que ela fora usada para cometer imensas atrocidades nas próprias guerras, na Alemanha nazista e sob o comunismo, ideologia de Estado oficial da União Soviética baseada nas ideias socialistas revolucionárias do filósofo alemão Karl Marx. Os intelectuais de esquerda em toda a Europa passaram a suspeitar do liberalismo e da civilização ocidental, pois estes permitiram a ascensão do fascismo — uma ideologia totalitária e autoritária — na Alemanha, na Itália e em outros países. Ao mesmo tempo, os efeitos terríveis da ideologia comunista na União Soviética durante aquele período não podiam mais ser negados, mesmo por aqueles da esquerda política e cultural. Pode-se dizer o mesmo acerca do colonialismo, que já não era mais visto como moralmente justificável ou defensável quando as ex-colônias britânicas e francesas conquistaram a independência.

Enquanto isso, a tecnologia e a produção em massa de bens de consumo estimularam uma renovada ânsia por arte, música e entretenimento após o racionamento rigoroso e as privações causados pela Segunda Guerra Mundial. Isso gerou temores conservadores de que a sociedade estava degenerando em um mundo artificial, hedonista e consumista de fantasia e diversão, ao passo que um ativismo significativo orientado pela justiça social enfrentava outros tipos de temores e resistência hostil. Nos Estados Unidos, por exemplo, o Movimento pelos Direitos Civis, que começou na década de 1950, atingiu seu auge na década de 1960, com os afro-americanos lutando e conquistando direitos iguais nos termos da lei, apesar da oposição frequentemente violenta. Na esteira dessas importantes vitórias, o ativismo em favor e em nome das mulheres e de lésbicas, *gays*,

(IN)JUSTIÇA SOCIAL

bissexuais e transgêneros (LGBT) se consolidou e lentamente começou a ganhar amplo apoio cultural.

Durante todo esse período de turbulência e transição, mais pessoas de todo o mundo começaram a migrar para os países ocidentais, levando os que moravam no Ocidente a, gradualmente, prestarem mais atenção às desigualdades raciais e culturais e, em particular, às formas pelas quais as estruturas de poder contribuíram para que elas se estabelecessem. Ao mesmo tempo, o papel da ciência em possibilitar, produzir e justificar os horrores, anteriormente impossíveis, das décadas precedentes também foi questionado.

Nesse contexto, houve uma mudança na maneira pela qual muitos acadêmicos ocidentais passaram a ver o mundo e os seus sistemas — de uma crença no progresso humano baseado na ciência, na razão e nos princípios liberais para uma crença de que tudo deve ser visto com suspeita e ceticismo, incluindo as próprias ferramentas que levaram a um progresso humano sem precedentes. Em outras palavras, o modernismo deu origem ao pós-modernismo.

O pós-modernismo é radicalmente cético em quase tudo. É cético em relação à ciência e a outras formas culturalmente dominantes de decidir o que é "verdade" e das grandes e abrangentes explicações que a apoiam. São as chamadas *metanarrativas* — uma espécie de mitologia cultural que, aos olhos dos pensadores pós-modernos, demonstrava como os seres humanos são míopes e arrogantes ao pensar que narrativas simples poderiam explicar o mundo. O pós-modernismo não inventou o ceticismo, mas o levou a extremos ao duvidar de que existisse algo como uma verdade cognoscível que não estava completamente incorporada nas normas e crenças culturais.

No entanto, de acordo com o pensamento baseado na razão e na ciência que surgiu do iluminismo e sobre o qual mais de dois séculos de progresso humano se apoiaram, a realidade objetiva pode ser conhecida e descoberta. Na verdade, construímos nosso mundo moderno usando o conhecimento acerca da realidade objetiva produzido pelo método científico e continuamos a fazê-lo atualmente. Na visão pós-moderna, porém, a realidade é o resultado da nossa socialização e das experiências vividas, conforme construídas pelos sistemas de linguagem.

Em 1994, o sociólogo Steven Seidman reconheceu essa mudança de pensamento: "Uma ampla mudança social e cultural está ocorrendo nas sociedades ocidentais. O conceito de 'pós-moderno' capta pelo menos certos aspectos dessa mudança social". Em 1996, Walter Truett Anderson expressa isso de maneira mais enfática:

Estamos no meio de uma transição histórica ampla, confusa, tensa e muitíssimo promissora, e tem a ver com uma mudança não tanto no *em que* acreditamos, mas no *como* acreditamos. (...) Em todo o mundo, as pessoas vêm realizando tais mudanças nas crenças — para ser mais preciso, mudanças nas crenças a respeito das crenças.

O que Seidman e Anderson estão descrevendo aqui são mudanças na *epistemologia* — isto é, em como obtemos e entendemos o conhecimento.

Dois princípios e quatro temas

Os pensadores pós-modernos rejeitaram o modernismo e o pensamento iluminista de maneiras surpreendentemente diferentes, mas podemos identificar alguns temas constantes e dois princípios fundamentais.

Esses princípios são:

- **O princípio do conhecimento pós-moderno:** Ceticismo radical quanto a ser possível obter o conhecimento objetivo ou a verdade objetiva e um compromisso com o construtivismo cultural.
- **O princípio político pós-moderno:** A crença de que a sociedade é formada por sistemas de poder e hierarquias que decidem o que pode ser conhecido e como.

Os quatro temas principais do pós-modernismo são:

1. A indefinição de fronteiras.
2. O poder da linguagem.
3. O relativismo cultural.
4. A perda do individual e do universal.

Juntos, esses seis conceitos principais nos ajudam a identificar o pensamento pós-moderno e a entender como ele funciona. São os princípios fundamentais da Teoria pós-moderna que permaneceram praticamente inalterados mesmo quando o pós-modernismo e as suas aplicações evoluíram do seu início pessimista para o ativismo estridente de hoje. Investigaremos tudo isso em detalhes e veremos

(IN)JUSTIÇA SOCIAL

como eles surgiram nas ciências humanas ao longo do século passado e se desenvolveram no estudo acadêmico, no ativismo e na cultura relativos à Justiça Social Crítica pós-moderna que vemos hoje.

O PRINCÍPIO DO CONHECIMENTO PÓS-MODERNO

> Ceticismo radical quanto a ser possível obter o conhecimento objetivo ou a verdade objetiva e um compromisso com o construtivismo cultural

Em vez de vislumbrar a verdade objetiva como algo que pode ser descoberto por meio da experimentação e da refutação, o pós-modernismo acentua um núcleo pequeno de verdade — que a nossa capacidade de *saber* é limitada pelos nossos pontos de vista culturais e pela linguagem —, afirmando que *todas* as alegações de "verdade" são constructos culturais tendenciosos. Nessa perspectiva, o método científico não é visto como uma maneira melhor de produzir e legitimar o conhecimento do que qualquer outra, e sim apenas como uma abordagem, entre muitas, que é tão corrompida pelo raciocínio tendencioso quanto qualquer outra. Isso é chamado de *construtivismo/construcionismo cultural* ou *construtivismo/construcionismo social*.

O construtivismo cultural não diz que a realidade é *literalmente* criada por crenças culturais — por exemplo, não diz que, quando acreditávamos que o Sol girava em torno da Terra, as nossas crenças tinham influência sobre o sistema solar e a sua dinâmica. Em vez disso, diria que os seres humanos estão tão ligados às suas estruturas culturais que todas as alegações de verdade ou conhecimento são reflexos dessas estruturas. Diria que *decidimos* coletivamente que é "verdade" que a Terra gira em torno do Sol, mas que, se pertencêssemos a uma cultura que produzisse e legitimasse o conhecimento de maneira diferente, então poderia ser "verdade" que, por exemplo, o Sol gira em torno da Terra (mesmo que não seja) e aqueles que discordassem seriam considerados "loucos" nessa cultura, assim como hoje veríamos como "louco" alguém que acreditasse no oposto.

A nossa realidade percebida é influenciada pelas nossas normas culturais, mas isso não significa que a verdade seja mais bem entendida como um produto de normas culturais. A abordagem pós-moderna em relação ao conhecimento

PÓS-MODERNISMO

pode admitir que a realidade objetiva existe "por aí", mas se concentra nas barreiras para conhecer essa realidade, examinando os vieses e as suposições culturais e teorizando sobre como funcionam.

Interessado nas relações entre *discurso* (maneira de falar acerca das coisas), produção de conhecimento e poder, o filósofo francês Michel Foucault — figura central do pós-modernismo — investigou essas ideias detalhadamente ao longo da década de 1960, em obras influentes como *Madness and Civilization* [*História da loucura*] (1961), *The Birth of the Clinic* [*O nascimento da clínica*] (1963), *The Order of Things* [*As palavras e as coisas*] (1966) e *The Archaeology of Knowledge* [*A arqueologia do saber*] (1969).

Para Foucault, um enunciado comunica não apenas informações, mas também as regras e condições de um discurso, e estas são estabelecidas por aqueles com poder na cultura pertinente. Por exemplo, se você disser a um amigo que acha que o Homem de Ferro é o melhor Vingador, você não só comunicará que gosta do Homem de Ferro — você revelará a sua política pessoal e posição na sociedade, e também dará apoio às mensagens que o Homem de Ferro promove, sugerindo quais são os valores que você *não* apoia.

O poder sociopolítico é o determinante do que é "verdade" na análise de Foucault. Para ele, se uma alegação de verdade é realmente verdadeira ou não é menos interessante e importante do que a dinâmica de poder que leva as pessoas a acreditarem que ela é verdadeira. Foucault estava tão interessado no conceito de como o poder influencia o que é considerado conhecimento que, em 1981, cunhou o termo "poder-saber" para descrever a ligação entre discursos poderosos e o que se entende por conhecido.

No livro *As palavras e as coisas*, Foucault argumenta contra noções objetivas de verdade e sugere que pensemos em termos de "regimes de verdade", que mudam conforme a *episteme* específica (conjunto de conhecimento que fundamenta um discurso) de cada cultura e época. Foucault adotou a posição de que não existem princípios fundamentais para descobrir a verdade e que todo conhecimento é "local" para o conhecedor — o princípio do conhecimento pós-moderno.

Foucault não negou a existência da realidade, mas duvidou da capacidade dos seres humanos de transcenderem os vieses culturais o suficiente para alcançá-la. Ele achava que cada declaração acerca da realidade é uma declaração política. É possível reconhecer a influência do seu pensamento hoje, quando as pessoas consideram as implicações políticas de uma coisa tão fundamentais em relação a como pensamos e falamos a respeito disso — por exemplo, quando as implicações políticas do Homem de Ferro, o herdeiro bilionário de uma indústria de armas, tornam-se mais importantes do que o seu enredo ou as suas ações heroicas.

A principal conclusão disso tudo é que o ceticismo pós-moderno é mais do que apenas uma dúvida razoável. O tipo de ceticismo empregado nas ciências pergunta "Como posso ter certeza de que isso é verdade?" ou, ainda mais importante, "Como isso pode ser falso?", e os cientistas aceitarão apenas provisoriamente proposições que sobrevivam a repetidas tentativas de prová-las falsas. Essas proposições são transformadas em modelos que são usados para explicar e prever fenômenos e são julgados pela sua exatidão. Os modelos científicos mudam quando surgem novas informações ou evidências. Essa humildade intelectual na ciência leva os filósofos pós-modernos a dizer (erroneamente) que os cientistas, portanto, não podem dizer que *sabem* alguma coisa ou que existem *verdades* científicas, porque eles podem perceber mais tarde que estavam errados.

O ceticismo comum entre os pós-modernos é designado como "ceticismo *radical*". É dito: "Todo conhecimento é construído: o interessante é teorizar sobre o motivo pelo qual o conhecimento foi construído dessa forma". O que é verdadeiro e como sabemos que é verdadeiro é menos interessante para eles do que descobrir a quem beneficia dizer que algo é "verdadeiro". O pós-modernismo enxerga o conhecimento como intrinsecamente político.

A visão pós-moderna insiste que o raciocínio científico é apenas outra *metanarrativa* — uma explicação abrangente e muito simplificada de como as coisas funcionam. Isso está errado.

O PRINCÍPIO POLÍTICO PÓS-MODERNO

A crença de que a sociedade é formada por sistemas de poder e hierarquias que decidem o que pode ser conhecido e como

No pós-modernismo, o poder e o conhecimento são vistos como entrelaçados de maneira inextricável — explicitamente na obra de Foucault, que se refere ao conhecimento como "poder-saber". Outro pós-moderno francês, Jean-François Lyotard, descreve uma "interligação estrita" entre as linguagens da ciência, da política e da ética, ao passo que o filósofo argelino Jacques Derrida interessava-se pela dinâmica de poder relativa à superioridade e à subordinação na linguagem.

Da mesma forma, dois outros filósofos, Gilles Deleuze e Félix Guattari, enxergavam os seres humanos como codificados em vários sistemas de poder e coerção, livres para agir apenas dentro do capitalismo e do fluxo monetário.

Esses pensadores sustentaram que os poderosos organizam a sociedade para se beneficiar e para ajudá-los a manter o poder que têm, tanto intencionalmente quanto inadvertidamente. Eles fazem isso enviesando a maneira como falamos acerca de certas coisas e criando regras sociais que são vistas como senso comum. O poder é reforçado de maneira constante por meio de discursos que a sociedade considera legítimos. Entre os exemplos, incluem-se a expectativa de civilidade e o debate fundamentado, apelos a evidências objetivas e até mesmo regras de gramática e sintaxe.

Pedir a alguém que forneça evidências e raciocínios para as suas afirmações — por exemplo, que o Sol gira em torno da Terra ou que a Capitã Marvel é a melhor Vingadora — será visto como uma demanda para cumprir um sistema de discursos construído por pessoas poderosas que valorizaram essas abordagens e as projetaram para excluir meios alternativos de comunicação e de produção de "conhecimento". Em outras palavras, a Teoria pós-moderna acredita que a ciência foi organizada para servir aos interesses de pessoas poderosas que a estabeleceram — homens brancos ocidentais — e impede a participação de outras.

Na Teoria marxista, acredita-se que o poder é imposto de cima para baixo. Na Teoria pós-moderna, o poder permeia todos os níveis da sociedade e é reforçado por todos mediante interações rotineiras, expectativas e condicionamento social. É o sistema social e a sua dinâmica de poder inerente que são vistos como causas da opressão. Os indivíduos envolvidos não precisam necessariamente ter uma única visão opressora. Da mesma forma, o sistema de opressão não é percebido como uma conspiração heteronormativa, supremacista branca, patriarcal e conscientemente coordenada. Antes, esses indivíduos veem isso como o resultado inevitável de sistemas autoperpetuadores que privilegiam alguns grupos em detrimento de outros. A visão pós-moderna meio que se parece com uma teoria da conspiração — mas sem conspiradores, já que não existem atores coordenados dando as cartas.

Por se concentrarem em sistemas de poder autoperpetuadores, poucos dos Teóricos pós-modernos originais defenderam quaisquer ações políticas específicas, preferindo, em vez disso, envolver-se na disrupção lúdica ou se entregar à desesperança pessimista. Eles de fato não acreditavam que uma mudança significativa fosse possível. Não obstante, a ideia abertamente esquerdista de que as estruturas de poder opressoras restringem a humanidade permeia o pós-modernismo. Isso implica um dever ético de desconstruir, desafiar, problematizar (encontrar e exagerar os problemas internos) e resistir a formas de pensamento que apoiam o poder e a linguagem que o perpetua.

Foucault foi explícito a respeito do perigo constante dos sistemas opressores:

> Na minha opinião, não é que tudo seja ruim, mas que tudo é perigoso, que não é exatamente o mesmo que ruim. Se tudo é perigoso, então sempre temos algo a fazer. Assim, a minha posição não leva à apatia, mas sim a um hiperativismo pessimista. Acho que a escolha ético-política que devemos fazer todos os dias é determinar qual é o principal perigo.

A abordagem pós-moderna da crítica social envolve tornar as suas ideias intangíveis, pois então elas são infalsificáveis — isto é, não podem ser refutadas. Por causa da rejeição da razão e da verdade objetiva pelo pós-modernismo, isso não pode ser questionado. A percepção pós-moderna, escreve Lyotard, não afirma serem verdadeiras: "As nossas hipóteses (...) [elas] não devem receber valor preditivo em relação à realidade, mas sim valor estratégico em relação à questão levantada". A Teoria pós-moderna procura ser estrategicamente útil para cumprir os próprios objetivos, sem procurar ser factualmente verdadeira acerca da realidade.

Isso leva aos quatro temas principais: a indefinição de fronteiras, o poder da linguagem, o relativismo cultural e a perda do individual e do universal em favor da identidade grupal.

1. A INDEFINIÇÃO DE FRONTEIRAS

O ceticismo radical em relação à verdade e ao conhecimento objetivos, em combinação com a crença de que os sistemas são construídos a serviço do poder, resulta em uma suspeição das fronteiras e das categorias que costumamos aceitar como verdadeiras. Isso inclui as fronteiras entre objetivo e subjetivo, assim como aquelas entre ciência e artes (sobretudo para Lyotard), o natural e o artificial (para Baudrillard e Jameson), alta cultura e baixa cultura (ver Jameson), homem e outros animais, e homem e máquina (para Deleuze), e entre diferentes entendimentos de sexualidade e gênero, assim como de saúde e doença (ver,

POR-MODERNISMO

sobretudo, Foucault). Todos esses pensadores tratam as fronteiras entre essas coisas como fluidas.

2. O PODER DA LINGUAGEM

No pensamento pós-moderno, a linguagem tem um enorme poder de controlar a sociedade e a maneira pela qual pensamos, portanto, é inerentemente perigosa. Em 1967, Jacques Derrida publicou três obras — *Of Grammatology* [*Gramatologia*], *Writing and Difference* [*A escritura e a diferença*] e *Speech and Phenomena* [*A voz e o fenômeno*] — nas quais introduziu o conceito que se tornaria muito influente no pós-modernismo: a desconstrução.

Nessas obras, Derrida rejeita a ideia do senso comum de que as palavras ("significantes") referem-se diretamente às coisas do mundo real (o "significado"). Em vez disso, ele insiste que as palavras se referem apenas a outras palavras e às maneiras pelas quais elas diferem umas das outras. Por exemplo, o estilo de pensamento de Derrida sustentaria que uma palavra como "casa" só pode ser entendida em relação às palavras "cabana" (menor) e "mansão" (maior), ou "canteiro de obras" (lugar onde uma casa pode ser construída) e "terreno vazio" (lugar onde não existe uma casa), e que, além desses tipos de comparações, a palavra "casa" não tem significado. Isso é o que Derrida quis dizer na sua conhecida e frequentemente mal traduzida frase "não há nada (leia-se: nenhum significado) fora do texto".

Além disso, para Derrida, a intenção do falante não tem mais autoridade do que a interpretação do ouvinte. Se alguém diz que certas características de uma cultura podem gerar problemas e eu escolho interpretar essa afirmação como uma *dog whistle* [linguagem política codificada] acerca da inferioridade dessa cultura e me ofendo, a análise derridiana nega a possibilidade de o meu ultraje ter resultado de um mal-entendido do que foi dito. Isso vem do uso de Derrida do conceito de Roland Barthes sobre "a morte do autor", uma teoria literária que não considera o autor e a sua intenção ao se fazer a análise do significado de um texto.

A solução de Derrida para impedir que os discursos criem e mantenham a opressão é ler "desconstrutivamente", procurando inconsistências internas que revelam as verdadeiras intenções de um texto quando as palavras são examinadas com atenção (ou com uma agenda). As abordagens desconstrutivistas da linguagem costumam parecer picuinhas com as palavras para deliberadamente desencaminhar a discussão.

3. O RELATIVISMO CULTURAL

Como a Teoria pós-moderna acredita que a verdade e o conhecimento são construídos pelos discursos dominantes no interior de uma sociedade, e como não podemos examinar o nosso próprio sistema e as nossas próprias categorias de fora, a Teoria insiste que nenhum conjunto de normas culturais é melhor do que outro. Qualquer crítica feita por alguém de fora de uma cultura será incorreta, na melhor das hipóteses, e imoral, na pior, já que pressupõe que a sua cultura seja superior.

Por exemplo, a crítica da sociedade por uma pessoa rica sempre será vista como enviesada em virtude dos seus privilégios. Será possivelmente rejeitada porque será considerada ignorante das realidades da opressão ou apenas uma tentativa de servir aos próprios interesses do crítico. A crença pós-moderna de que os indivíduos representam discursos de poder dependendo da sua posição em relação ao poder significa que a crítica cultural só pode ser exercida de forma eficaz pelos marginalizados ou oprimidos.

4. A PERDA DO INDIVIDUAL E DO UNIVERSAL

Para os Teóricos pós-modernos, o indivíduo é um produto de discursos poderosos e de conhecimentos culturalmente construídos. Eles consideram o conceito de universal — seja um universal biológico, seja um universal ético, como direitos, liberdades e oportunidades iguais para todos os indivíduos, independentemente de classe, raça, gênero ou sexualidade — como ingênuo, na melhor das hipóteses. Na pior, é apenas mais um exercício de poder-saber, uma tentativa de impor discursos dominantes. Em grande medida, a visão pós-moderna rejeita tanto a menor unidade da sociedade — o indivíduo — quanto a maior — a humanidade. Em vez disso, concentra-se em conjuntos de pessoas que se entende que estão posicionadas da mesma maneira — originalmente, por nação, época e classe social ou econômica, e, posteriormente, por raça, sexo ou sexualidade, por exemplo — e que têm as mesmas experiências e percepções devido a esse posicionamento social.

O pós-modernismo não está morto?

Atualmente, muitos pensadores acreditam que o pós-modernismo morreu. Não concordamos com isso. Consideramos que ele simplesmente amadureceu, modificou-se e evoluiu (pelo menos duas vezes desde a década de 1960), e que os dois princípios e os quatro temas ainda são dominantes e culturalmente influentes. A Teoria está intacta, embora as formas de apresentação, utilização e interação dos seus princípios e temas fundamentais tenham mudado significativamente no último meio século. Sua aplicação atual é o que mais nos preocupa.

Existem muitos argumentos sobre quando exatamente o pós-modernismo teria morrido. O que chamamos de *fase altamente desconstrutiva* da Teoria pós-moderna se extinguiu em meados da década de 1980, mas será que o pós-modernismo e a Teoria acabaram aí? Não. Longe de morrer, essas ideias evoluíram e se diversificaram em vertentes distintas. Elas se tornaram mais orientadas por objetivos e por ações, em combinação com outra escola de pensamento denominada Teoria Crítica, que foi criada especialmente por e para ativistas radicais. Chamamos a próxima onda de ativismo-academicismo de *pós-modernismo aplicado*, e vamos nos aprofundar nele a seguir.

CAPÍTULO 2

Virada para o pós-modernismo aplicado

TORNANDO A OPRESSÃO REAL

No final da década de 1960, logo que irrompeu na cena intelectual, o pós-modernismo se tornou badaladíssimo entre os acadêmicos de esquerda. À medida que o modismo intelectual crescia, os seus recrutas punham mãos à obra para produzir uma Teoria radicalmente cética, na qual o conhecimento ocidental e as maneiras de obtenção de conhecimento — incluindo a nossa suposição de que o conhecimento objetivo é possível — foram criticados e desmantelados. Os pós-modernos procuraram fazer com que as nossas maneiras de compreender, abordar e viver no mundo e nas sociedades parecessem absurdas.

Essa abordagem tinha os seus limites. O desmantelamento e a desconstrução sem fim estavam fadados a se consumir em uma desesperança niilista, uma sensação de que tudo é inútil e sem sentido. A Teoria era uma rebelde sem causa, precisava de algo para fazer. Por causa da sua essência moral e politicamente carregada, ela se dedicou ao problema que viu no cerne da sociedade: o acesso injusto ao poder.

No final da década de 1980 e no início da década de 1990, uma nova onda de Teóricos criou um conjunto diversificado de Teorias pós-modernas extremamente politizadas e acionáveis, que incluíam alguns elementos da Teoria Crítica. Chamamos esse desenvolvimento mais recente de *pós-modernismo aplicado*. (Na verdade, um termo acadêmico para o que chamamos de "pós-modernismo aplicado" é *construtivismo crítico*. Este é o tema construtivista cultural do pós-modernismo combinado com os objetivos revolucionários e reconstrucionistas da "Nova Esquerda", que se inspirou no filósofo político teuto-americano Herbert Marcuse e na Teoria Crítica.) Esses Teóricos do pós-modernismo aplicado vieram de áreas diferentes, mas as suas ideias eram semelhantes e ofereciam uma abordagem mais amigável do que a dos predecessores do antigo pós-modernismo. Nessa virada, a Teoria se transformou em um punhado de Teorias — pós-colonial, *queer* e crítica de raça — que foram postas em prática no mundo para desconstruir a injustiça social.

Pense no pós-modernismo como uma espécie de vírus de rápida evolução. A sua forma original e mais pura não poderia se propagar da academia para a população em geral porque era muito difícil de entender e muito distante das realidades sociais. Na sua forma mutante, ele foi capaz de se propagar, dando um salto entre "espécies", passando de acadêmicos para ativistas e, em seguida, para as pessoas comuns, à medida que se tornou cada vez mais compreensível e acionável e, portanto, mais contagioso.

As novas cepas da Teoria são muito menos lúdicas e muito mais confiantes nas suas próprias metanarrativas. Elas possuem um objetivo prático que estava ausente antes: reconstruir a sociedade à imagem da Justiça Social Crítica.

A mutação da Teoria

Entre o final da década de 1980 e mais ou menos 2010, a Teoria desenvolveu os seus conceitos subjacentes — que a realidade objetiva não pode ser conhecida, que a "verdade" é socialmente construída e que o conhecimento protege e promove os interesses dos privilegiados — e formou áreas acadêmicas inteiramente novas. Essas novas disciplinas, conhecidas como "estudo acadêmico sobre Justiça Social (Crítica)", cooptaram a noção de justiça social dos movimentos pelos direitos civis e de outras teorias liberais e progressistas.

Tudo isso começou a sério quando a igualdade legal foi alcançada em grande medida e o ativismo antirracista, feminista e LGBT começou a produzir retornos decrescentes. No momento em que a discriminação racial e sexual nos locais de trabalho tornou-se ilegal e a homossexualidade foi descriminalizada em todo o Ocidente, as principais barreiras à igualdade social no Ocidente passaram a ser os preconceitos persistentes em atitudes, suposições, expectativas e linguagem. Para aqueles que lidam com esses problemas mais obscuros, a Teoria pós-moderna pode ter sido uma ferramenta ideal — exceto que o seu ceticismo radical desconstrutivo e indiscriminado e o seu niilismo intragável a tornaram inadequada para qualquer finalidade produtiva.

As novas formas da Teoria surgiram dentro do pós-colonialismo, do feminismo negro (um ramo do feminismo criado por acadêmicas afro-americanas que enfocaram tanto a raça quanto o gênero), do feminismo interseccional, da Teoria

(IN)JUSTIÇA SOCIAL

crítica da raça (legal) e da Teoria *queer*. Os acadêmicos dessas áreas alegavam que, embora o pós-modernismo pudesse ajudar a revelar a natureza socialmente construída do conhecimento e as "problemáticas" associadas, não era compatível com o ativismo social. Alguns dos novos Teóricos criticaram os seus predecessores por serem brancos, do sexo masculino, ricos e ocidentais o suficiente para se permitirem desconstruir a identidade e a opressão baseada na identidade, porque a sociedade já foi criada para o seu benefício. Em consequência, embora os novos Teóricos conservassem grande parte da Teoria pós-moderna, eles mantiveram algumas ideias de identidade estável e verdade objetiva, afirmando que, embora muitas coisas possam não ser objetivamente reais, a opressão definitivamente o é.

Os Teóricos originais contentavam-se em observar, deplorar e brincar com jogos de palavras; os novos queriam reordenar a sociedade. Se a legitimação de discursos ruins causa injustiça social, raciocinaram os novos Teóricos, a justiça social pode ser alcançada deslegitimando-os e substituindo-os por discursos melhores. Os acadêmicos das ciências sociais e humanas que adotaram as abordagens Teóricas começaram a formar uma comunidade moral de esquerda — uma rede de pessoas que se apoiam mutuamente na busca de um objetivo moral comum — mais interessada em defender pontos de vista específicos do que em estudá-los objetivamente.

É mais comum vermos esse tipo de coisas em igrejas, e não em faculdades ou universidades.

Uma nova visão padrão

As novas Teorias mantiveram algumas ideias pós-modernas básicas:

- O conhecimento é um constructo do poder.
- As categorias nas quais organizamos as pessoas e os fenômenos são construídas a serviço desse poder.
- A linguagem é inerentemente perigosa e não confiável.
- As alegações de conhecimento e os valores de todas as culturas são igualmente válidos, e só aqueles que pertencem a essas culturas podem criticá-los.
- A experiência coletiva fala mais alto do que a individualidade e a universalidade.

Curiosamente, não é incomum que os acadêmicos que empregam o conhecimento e os princípios políticos pós-modernos no seu trabalho depreciem o pós-modernismo e insistam que eles não os utilizam no seu trabalho. No entanto, quer chamemos isso de "pós-modernismo", "pós-modernismo aplicado", "Teoria" ou qualquer outra coisa, a concepção de sociedade baseada no conhecimento e nos princípios políticos pós-modernos floresceu em muitas áreas de "estudos" fundamentadas na identidade e na cultura. Essas áreas influenciam as ciências sociais e os programas profissionais como educação, direito, psicologia e serviço de assistência social, e foram transmitidas por ativistas e pela mídia para a cultura mais ampla.

O pós-modernismo se tornou aplicável e, portanto, acessível tanto aos ativistas quanto ao público em geral.

Aplicando o inaplicável

No início do século XVII, quando o iluminismo começou a revolucionar o pensamento humano na Europa, diversos pensadores da época passaram a enfrentar um novo problema: a dúvida radical — ou seja, uma crença de que não há base racional para acreditar em *nada.*

Entre esses pensadores, o mais famoso foi o matemático, cientista e filósofo francês René Descartes. Em 1637, Descartes escreveu pela primeira vez a frase *"Je pense, donc je suis"*, em *Discurso sobre o método* — "Penso, logo existo". Esta foi a resposta de Descartes ao poder desconstrutivo que o ceticismo iluminista introduziu no mundo.

Algo semelhante ocorreu séculos depois, na década de 1980. Diante do poder desconstrutivo muito mais intenso do ceticismo radical pós-moderno, um grupo emergente de Teóricos culturais se viu em uma crise similar. O ativismo liberal tinha conquistado sucessos enormes, mas a desesperança niilista do pós-modernismo não estava produzindo novas mudanças.

A resposta a este problema exigiria uma adaptação da conhecida reflexão de Descartes. Para ele, a capacidade de pensar implicava existência — se você pode pensar, então *algo* deve ser real. Para os acadêmicos ativistas da década de 1980, o sofrimento associado à opressão implicava a existência de algo que poderia sofrer e um mecanismo pelo qual esse sofrimento pudesse ocorrer. "Penso, logo existo" tornou-se "Experimento a opressão, logo existo... E também existem o domínio e a opressão".

Os princípios e temas pós-modernos em aplicação

O pós-modernismo aplicado manteve os dois princípios pós-modernos no seu cerne. Eles são tão importantes que voltamos a compartilhá-los.

- **O princípio do conhecimento pós-moderno:** Ceticismo radical quanto a ser possível obter o conhecimento objetivo ou a verdade objetiva e um compromisso com o construtivismo cultural.
- **O princípio político pós-moderno:** A crença de que a sociedade é formada por sistemas de poder e hierarquias, que decidem o que pode ser conhecido e como.

O primeiro princípio — uma negação do conhecimento objetivo ou da verdade objetiva, o compromisso com o construtivismo cultural, e a crença de que o que chamamos de "verdade" não passa de um reflexo da cultura que invoca isso — foi em grande medida mantido, com uma diferença importante: sob o pensamento pós-moderno aplicado, a identidade e a opressão baseadas na identidade são tratadas como características conhecidas da realidade objetiva.

Por exemplo, a acadêmica de direito crítica Kimberlé Crenshaw, autora do ensaio inovador "Mapping the Margins: Intersectionality, Identity Politics, and Violence against Women of Color", de 1991, admirou o potencial desconstrutivo da Teoria pós-moderna e a centrou na sua nova estrutura "interseccional" para lidar com a discriminação contra as mulheres negras. Ao mesmo tempo, ela queria manter a ideia de raça e gênero como constructos sociais, assim como asseverar que algumas pessoas foram discriminadas com base nas suas identidades raciais ou sexuais.

E o segundo princípio? Também foi mantido. Na verdade, a crença de que os poderosos moldam a sociedade para se beneficiarem e decidirem o que se pode saber e como é central para a defesa de políticas identitárias, cujo objetivo político é desmantelar esse sistema em nome da Justiça Social Crítica.

Os quatro temas principais do pensamento pós-moderno também sobreviveram na virada para o pós-modernismo aplicado.

VIRADA PARA O PÓS-MODERNISMO APLICADO

1. A INDEFINIÇÃO DE FRONTEIRAS

Esse tema é mais evidente nas Teorias pós-colonial e *queer*, ambas explicitamente centradas em ideias de fluidez, ambiguidade, indefinibilidade e hibridez — as quais obscurecem ou até mesmo demolem as fronteiras entre as categorias. A sua tática de "binários disruptivos" deriva do trabalho de Derrida sobre a natureza hierárquica e a falta de sentido nas construções linguísticas. Esse tema realmente não aparece na Teoria crítica da raça, que pode ser muito preto no branco (duplo sentido intencional), mas o elemento feminista interseccional da Teoria crítica da raça procura incluir "diferentes maneiras de saber".

2. O PODER DA LINGUAGEM

O poder e o perigo da linguagem estão em primeiro plano em todas as Teorias do pós-modernismo aplicado mais recentes. Os acadêmicos examinam a linguagem atentamente e a interpretam de acordo com os sistemas de referência Teóricos. Por exemplo, filmes populares são assistidos "atentamente" em busca de retratos problemáticos e, em seguida, depreciados, mesmo que os seus temas estejam na maior parte em consonância com a Justiça Social Crítica. Hoje em dia, a ideia de que as palavras são poderosas e perigosas se espalhou nessa época de espaços seguros, microagressões e alertas de gatilho.

3. O RELATIVISMO CULTURAL

O relativismo cultural é mais óbvio na Teoria pós-colonial, mas como o Ocidente é quase universalmente visto como a estrutura de poder opressora máxima, o relativismo cultural é agora uma norma em todas as Teorias do pós-modernismo aplicado. Esse relativismo também é central para os diferentes conhecimentos e moralidades atribuídos aos diferentes grupos identitários.

4. A PERDA DO INDIVIDUAL E DO UNIVERSAL

O intenso foco na identidade e na política identitária significa que o individual e o universal são desvalorizados. O liberalismo convencional se concentra em alcançar direitos humanos universais e acesso a oportunidades, para permitir que cada indivíduo realize o seu potencial. O estudo acadêmico e o ativismo do pós-modernismo aplicado são céticos em relação a esses valores e até francamente hostis a eles. Os seus defensores consideram o liberalismo convencional como complacente, ingênuo ou indiferente aos preconceitos, pressupostos e vieses profundamente enraizados que limitam e restringem as pessoas com identidades marginalizadas. Para eles, o "indivíduo" é visto sobretudo como a soma total dos grupos identitários aos quais a pessoa em questão pertence.

O surgimento do estudo acadêmico sobre Justiça Social

Essas mudanças podem não parecer suficientes para considerarmos a Teoria como um afastamento sério do pós-modernismo, mas são importantes. Ao abandonar a ludicidade irônica e a falta de sentido do pós-modernismo altamente desconstrutivo, e ao se tornar orientada por objetivos, a Teoria deixou de simplesmente descrever as coisas como elas são e passou a fazer prescrições de como elas devem ser. Se "a verdade" só é verdadeira porque privilegiamos os discursos de homens ocidentais, ricos, brancos e heterossexuais, a Teoria do pós-modernismo aplicado afirma que isso pode ser desafiado fortalecendo grupos identitários marginalizados e insistindo que as suas vozes tenham prioridade.

Essa crença amplificou a política identitária a tal ponto que até levou a conceitos como "justiça em pesquisa". Essa proposta alarmante exige que os acadêmicos citem mulheres e minorias nas suas pesquisas — e reduzam ao mínimo as citações de homens brancos ocidentais —, porque a pesquisa que valoriza evidências e argumentos fundamentados é um constructo cultural injustamente privilegiado de brancos ocidentais. Portanto, de acordo com essa visão, é uma obrigação moral compartilhar o prestígio da academia com "outras formas de pesquisa", incluindo superstições, crenças espirituais, tradições e crenças culturais, experiências baseadas na identidade e respostas emocionais.

Como esses métodos podem ser aplicados a quase tudo, um vasto conjunto de áreas baseadas em identidade emergiu desde 2010, aproximadamente. Essas áreas utilizam as suas próprias abordagens em relação à *epistemologia* (as formas pelas quais o conhecimento é produzido): temos a epistemologia feminista, a epistemologia crítica da raça, a epistemologia pós-colonial e a epistemologia *queer*, junto às mais amplas, como "justiça epistêmica", "opressão epistêmica", "exploração epistêmica" e "violência epistêmica".

Embora aparentemente diversas, essas abordagens de "outros conhecimentos" compartilham a ideia de que as pessoas com diferentes identidades marginalizadas

VIRADA PARA O PÓS-MODERNISMO APLICADO

possuem diferentes conhecimentos, resultantes das suas experiências compartilhadas, incorporadas e vividas como membros desses grupos identitários, especialmente da opressão sistêmica. Essas pessoas podem estar em desvantagem, porque são forçadas a agir dentro de um sistema "dominante" que não é o seu. Elas também desfrutam de vantagens únicas, por causa da sua familiaridade com múltiplos sistemas epistêmicos. Alternadamente, elas podem ser vítimas de "violência epistêmica", quando o seu conhecimento não é incluído ou reconhecido, ou de "exploração epistêmica", quando são solicitadas a compartilhá-lo.

Essas mudanças vêm erodindo continuamente a barreira entre o estudo acadêmico e o ativismo. Trabalhar de um ponto de vista ideológico específico costumava ser considerado ruim no magistério e no estudo acadêmico. Esperava-se que os professores e os acadêmicos deixassem de lado os seus próprios vieses e crenças a fim de abordar as suas disciplinas da maneira mais objetiva possível. Caso contrário, os acadêmicos sabiam que outros acadêmicos poderiam apontar — e apontariam — vieses ou raciocínios motivados e contestariam isso com evidências e argumentos. Os professores podiam se considerar bem-sucedidos se os seus alunos não soubessem quais eram as suas posições políticas ou ideológicas.

Não é assim que funciona o estudo acadêmico e a educação referentes à Justiça Social Crítica. Atualmente, o ensino deve ser um ato político e apenas um tipo de política é aceitável — a política identitária, como definida pela Justiça Social Crítica e pela Teoria. (Observação: O termo "política identitária" é muitas vezes considerado relevante para o Movimento pelos Direitos Civis das décadas de 1950 e 1960, mas o seu primeiro uso foi em 1977 por um grupo de Teóricos Críticos radicais; assim, teoricamente, significa algo mais específico para a abordagem da Teoria Crítica.) Em assuntos que vão de estudos de gênero à literatura inglesa, agora é perfeitamente aceitável expressar uma posição teórica ou ideológica e, em seguida, utilizá-la para examinar o material, sem incluir quaisquer evidências ou explicações alternativas. Atualmente, os acadêmicos podem se declarar abertamente ativistas e ministrar cursos que exijam que os alunos aceitem a base ideológica da Justiça Social Crítica como verdadeira e produzam trabalhos que a apoiem.

Em 2016, um artigo particularmente infame intitulado "Women's Studies as Virus: Institutional Feminism, Affect, and the Projection of Danger" até comparou *favoravelmente* os estudos sobre as mulheres ao HIV, ao ebola, à SARS (e ao câncer!), defendendo que tais estudos disseminavam a sua versão do feminismo como um vírus imunossupressor, usando alunos convertidos em ativistas como portadores, chamando "a metáfora do vírus" de uma pedagogia ou abordagem

(IN)JUSTIÇA SOCIAL

"feminista ideal" de ensino. Os acadêmicos podem, é claro, ser ativistas e vice-versa, mas a combinação desses dois papéis pode criar problemas. Quando uma posição política é ensinada na universidade, ela tende a se tornar uma ortodoxia que não pode ser questionada.

As ideias do pós-modernismo aplicado escaparam dos limites da universidade de uma maneira que não ocorreu com a Teoria pós-moderna original e isso se deu, pelo menos em parte, por causa da capacidade delas de serem postas em prática. No mundo inteiro, essas ideias ganharam força. O conhecimento pós-moderno e os princípios políticos são agora rotineiramente evocados por ativistas e cada vez mais também por empresas, mídia, figuras públicas e o público em geral.

Os cidadãos comuns estão cada vez mais perplexos com o que aconteceu à sociedade e com a rapidez com que isso aconteceu. Eles ouvem reclamações sobre apropriação cultural e lamentações acerca da falta de representação de certos grupos identitários nas artes. Ouvem demandas para "descolonizar" tudo, incluindo currículos acadêmicos, cortes de cabelo e matemática. Ouvem que só os brancos podem ser racistas e que sempre são, por definição. Os políticos, atores e cantores se orgulham de serem interseccionais. As empresas ostentam o seu respeito pela diversidade, enquanto demitem funcionários que discordam da política progressista. As organizações e os grupos ativistas de todos os tipos divulgam que são inclusivos, mas apenas de pessoas que concordam com eles. Engenheiros norte-americanos foram demitidos de empresas como o Google por dizerem que existem diferenças de gênero, e comediantes britânicos foram despedidos da BBC por repetirem piadas que poderiam ser interpretadas como racistas pelos norte-americanos.

O pós-modernismo aplicado se consolidou e está sendo amplamente difundido por ativistas. Agora é uma mitologia operacional para uma ampla parte da sociedade, sobretudo na esquerda. É muito difícil desafiar uma ortodoxia dominante.

A maioria das pessoas — sem falar nas empresas, organizações e figuras públicas — não é construtivista cultural radical. No entanto, como dão a aparência de explicações profundas para problemas complicados, essas ideias se transformaram com sucesso de teorias acadêmicas obscuras em uma parte da "sabedoria" geral a respeito do funcionamento do mundo. Essas ideias estão tão difundidas que as coisas não melhorarão até que mostremos para o que elas são e resistamos a elas — de preferência, usando princípios e éticas liberais consistentes.

Nos próximos cinco capítulos, explicaremos como essas Teorias do pós-modernismo aplicado se desenvolveram. Então, no Capítulo 8, explicaremos como elas passaram a ser dadas como Verdade, com V maiúsculo.

CAPÍTULO 3

Teoria pós-colonial

DESCONSTRUINDO O OCIDENTE PARA SALVAR O OUTRO

O objetivo da Teoria pós-colonial é desconstruir "o Ocidente" — um grupo impreciso de países, incluindo Estados Unidos, Reino Unido, Canadá, Austrália, França, Alemanha e outros países da Europa Ocidental.

Ao contrário das Teorias de raça e gênero, que já tinham desenvolvido linhas de pensamento maduras antes de o pós-modernismo se estabelecer nos estudos culturais, a Teoria pós-colonial surgiu quase diretamente do pensamento pós-moderno. Tinha um propósito específico, a *descolonização*, ou seja, a destruição sistemática do colonialismo em todas as suas manifestações e em todos os seus impactos.

Nem todos os acadêmicos pós-coloniais são pós-modernos — muitos são materialistas ou marxistas, que estudam o colonialismo e as suas consequências em termos de economia e política —, mas as principais figuras eram e a abordagem pós-moderna domina atualmente o estudo acadêmico e o ativismo pós-colonial.

O pós-colonialismo surgiu depois do colapso do colonialismo europeu, que dominou a política mundial desde o século xv até meados do século xx. Ele se baseava no pressuposto de que as potências europeias tinham o direito de expandir os seus territórios e exercer a sua autoridade política e cultural sobre outros povos e regiões.

Esse tipo de atitude referente a construções de impérios era típico de muitas culturas, se não da maioria, antes do século xx, mas o colonialismo europeu se muniu de metanarrativas poderosas para justificar a sua dominação. Isso incluiu *la mission civilisatrice* (a missão civilizadora) no colonialismo francês — uma razão religiosa para justificar a opressão dos povos indígenas — e, no contexto norte-americano, o *Manifest Destiny* [destino manifesto] — uma crença amplamente difundida no século xix de que os Estados Unidos estavam destinados a se

(IN)JUSTIÇA SOCIAL

expandir em todo o continente. Esses conceitos foram fundamentais para a filosofia moral e a organização política antes do iluminismo e até o período moderno.

Com surpreendente rapidez, o colonialismo europeu entrou em colapso no século xx, sobretudo após a Segunda Guerra Mundial. No início da década de 1960, tanto a academia quanto o público em geral tinham preocupações morais a respeito do colonialismo, sobretudo na esquerda. Os Teóricos pós-coloniais rejeitaram as metanarrativas coloniais e desconstruíram os discursos do colonialismo (maneiras de falar sobre as coisas) que procuravam proteger o chamado direito daqueles com poder e o privilégio de dominar outras culturas que os discursos ocidentais (e cristãos) civilizados caracterizavam como "incivilizadas" e "bárbaras".

O pós-colonialismo como projeto do pós-modernismo aplicado

Em meados do século xx, à medida que aumentavam as preocupações acerca do colonialismo, a obra do psiquiatra Frantz Fanon foi ganhando influência rapidamente. Fanon, que nasceu na ilha da Martinica sob o domínio colonial francês, é considerado fundamental para a Teoria pós-colonial. O seu livro *Black Skins, White Masks* [*Pele negra, máscaras brancas*], de 1952, apresenta uma crítica contundente do racismo e do colonialismo. O livro *A Dying Colonialism* [*Sociologia de uma revolução*], de 1959, narra as mudanças na cultura e na política durante a Guerra da Argélia pela independência da França. Dito isso, o radicalíssimo Fanon defendeu abertamente, em toda a sua obra, a violência insurrecional, que ele considerava plenamente justificada.

O livro *The Wretched of the Earth* [*Os condenados da Terra*], de 1961, preparou o terreno para a Teoria pós-colonial. Para Fanon, o colonialismo era uma negação sistemática da humanidade dos povos colonizados. Ao longo desse livro, o autor descreve o que considera como o apagamento literal da identidade e da dignidade das pessoas. Ele insiste que o povo colonizado deve resistir violentamente a isso para manter a saúde mental e o respeito próprio. O livro de Fanon foi, ao mesmo tempo, profundamente crítico e francamente revolucionário — atitudes que influenciaram o pós-colonialismo e os aspectos mais radicais do ativismo de esquerda desde então.

No entanto, Fanon estava longe de ser um pós-moderno ao escrever em 1961. As suas críticas se inspiraram sobretudo nas críticas marxistas de Lênin ao capitalismo, as suas análises se basearem demais na teoria psicanalítica e a sua filosofia era essencialmente liberacionista. (Observação: o "liberacionismo" é uma escola filosófica que busca a libertação das "sociedades existentes", incluindo o liberalismo, que ele acredita ser estruturalmente opressor, em favor de alternativas, em particular do socialismo e do comunismo.) Pensadores posteriores, incluindo Edward Said, o pai da Teoria pós-colonial, inspiraram-se na descrição de Fanon dos impactos psicológicos provocados pela subordinação da cultura, linguagem e religião do colonizado ao colonizador. Fanon sustentou que a *mentalidade* colonialista tinha que ser rompida e, se possível, revertida nas pessoas que haviam sido submetidas ao domínio colonial. Esse foco em atitudes, vieses e discursos se encaixa muito bem no pós-modernismo.

Os Teóricos pós-coloniais também enxergam o seu trabalho como um projeto voltado para a superação de certas mentalidades associadas ao colonialismo, em vez de se concentrar nos seus efeitos práticos e materiais. A ideia principal da Teoria pós-colonial é que o Ocidente se constrói em oposição ao Oriente por meio da maneira como fala:

- "Nós somos racionais, e eles são supersticiosos."
- "Nós somos honestos, e eles são enganadores."
- "Nós somos normais, e eles são exóticos."
- "Nós somos avançados, e eles são primitivos."
- "Nós somos liberais, e eles são bárbaros."

O Oriente é construído como o contraste ao qual o Ocidente pode se comparar. O termo *o outro* ou *alterização* descreve essa depreciação de outras pessoas para se sentir superior. Said chamou essa mentalidade de "orientalismo" — um movimento que lhe permitiu atribuir um poderoso pejorativo aos orientalistas, ou seja, acadêmicos contemporâneos que estudavam o Extremo Oriente, o Sul da Ásia e, sobretudo, o Oriente Médio a partir de uma perspectiva ocidental.

Teórico palestino-norte-americano, Said apresentou as suas novas ideias no seu livro *Orientalism* [*Orientalismo*], publicado em 1978. Esse livro não só lançou as bases para o desenvolvimento da Teoria pós-colonial como também trouxe o conceito de Teoria do pós-modernismo aplicado ao público norte-americano. Said se baseou sobretudo em Fanon e Foucault, em especial nas noções deste último sobre "poder-saber". Embora mais tarde Said viesse a tecer muitas críticas à abordagem de Foucault, ele considerou a noção de poder-saber como instrumental

(IN)JUSTIÇA SOCIAL

para o entendimento do orientalismo. Said insistiu que "não é possível" entender o orientalismo sem as ideias de Foucault.

Esse desejo de desconstruir o Ocidente tem dominado a Teoria pós-colonial desde então. Muitos estudos acadêmicos pós-coloniais envolvem a leitura do orientalismo em textos. O projeto de Said foi um empreendimento literário — em particular, ele discordou do romance *Heart of Darkness* [*Coração das trevas*], de Joseph Conrad, publicado em 1899, que suscita questões significativas acerca do racismo e do colonialismo. Em vez de defender uma compreensão ampla dos elementos temáticos do texto, Said preferiu examiná-lo por meio de uma "leitura atenta", a fim de descobrir as diversas maneiras pelas quais os discursos ocidentais enaltecem o Ocidente superior em detrimento do Oriente inferior.

Na obra de Said, a análise do discurso do pós-modernismo aplicado constata desequilíbrios de poder nas interações entre grupos culturais dominantes e marginalizados e reconsidera a história da perspectiva dos oprimidos. Isso pode ser feito de forma produtiva, mediante a recuperação de vozes e perspectivas desprezadas, para dar uma imagem mais completa e precisa da história, mas também costuma ser usado para reescrever a história de acordo com narrativas locais ou políticas ou para promover várias histórias contraditórias e, assim, de maneira pós-moderna típica, negar que qualquer uma delas seja objetivamente verdadeira.

Na introdução de *Orientalismo*, vemos a ideia pós-moderna de que o conhecimento não é encontrado, mas feito. Said escreve:

> O meu argumento é que a história é feita por homens e mulheres, assim como também pode ser desfeita e reescrita, sempre com vários silêncios e elisões, sempre com formas impostas e desfigurações toleradas, para que o "nosso" Nascente, o "nosso" Oriente se torne "nosso" em posse e direção.

Isso não é apenas desconstrução — é também um apelo à reconstrução sob um sistema totalmente novo (e radical). Portanto, a Teoria pós-colonial é a primeira categoria orientada pelo ativismo a surgir na escola de pensamento do *pós-modernismo aplicado*.

Junto com Said, dois outros acadêmicos são fundamentais para a Teoria pós-colonial: Gayatri Chakravorty Spivak e Homi K. Bhabha. A obra de ambos é completa e explicitamente pós-moderna, e devido ao uso por parte dos dois da desconstrução da linguagem de Jacques Derrida, é obscura e muito difícil em termos conceituais. A contribuição mais significativa de Spivak para a Teoria pós-colonial é, provavelmente, o seu ensaio *Pode o subalterno falar?*, de 1988, que se concentra intensamente na linguagem e no papel que as estruturas de poder desempenham em restringi-la.

Spivak sustenta que os *subalternos* — povos colonizados com *status* subordinado — não têm acesso à fala, mesmo quando parecem estar se expressando, porque o poder impregnou o discurso e criou barreiras intransponíveis de comunicação para aqueles que existem fora dos discursos dominantes. Em *Pode o subalterno falar?*, ela recorreu a Said e Foucault para desenvolver o conceito de *violência epistêmica*, que descreve o dano causado ao colonizado quando as suas estruturas de conhecimento são marginalizadas pelos discursos dominantes.

Spivak adota essa ideia desconstrutiva de Derrida, mas sustentou que manter alguns estereótipos grupais pode ajudar a cultivar a solidariedade entre os colonizados. Ela chama isso de "essencialismo estratégico". Para Spivak, o *essencialismo* é uma ferramenta linguística de dominação. Os colonizadores justificam a sua opressão considerando o grupo subordinado como um "outro" monolítico que pode ser estereotipado e depreciado. O *essencialismo estratégico* aplica esse mesmo senso de identidade grupal monolítica como ato de resistência, minimizando a diversidade dentro do grupo subordinado com o propósito de promover objetivos comuns mediante uma identidade comum. Em outras palavras, define um tipo específico de política identitária, construída em torno de duplos padrões intencionais.

Spivak se inspira mais em Derrida do que em Said e Foucault. Por causa do foco de Derrida na ambiguidade e fluidez da linguagem, a obra de Spivak é profundamente ambígua e obscura. Por exemplo, ela escreve:

> Derrida marca a crítica radical com o perigo da apropriação do outro por assimilação. Ele lê catacrese na origem. Derrida pede uma reescrita do impulso estrutural utópico como "interpretação delirante daquela voz interior que é a voz do outro em nós".

Na época, a linguagem impenetrável e carente de espírito prático era a moda entre os Teóricos, sobretudo entre os Teóricos pós-coloniais. Bhabha, que imperou na área durante a década de 1990, é ainda pior que Spivak na sua capacidade de produzir uma prosa quase incompreensível. Bhabha se concentra principalmente no papel desempenhado pela linguagem na construção do conhecimento, e a sua escrita é reconhecidamente difícil de ler.

(IN)JUSTIÇA SOCIAL

Em 1998, ele ficou em segundo lugar no Torneio de Texto mais Mal Escrito em Filosofia e Literatura da revista *Philosophy and Literature* — a campeã na ocasião foi a feminista Judith Butler — pela seguinte frase:

> Se, durante algum tempo, o ardil do desejo é calculável para os usos da disciplina, logo a repetição da culpa, da justificativa, das teorias pseudocientíficas, da superstição, das autoridades espúrias e das classificações pode ser vista como o esforço desesperado de "normalizar" formalmente a perturbação de um discurso de divisão que viola as reivindicações racionais e iluminadas da sua modalidade enunciativa.

Decomposta, essa frase estrambótica, no contexto, significa que piadas racistas e sexuais são contadas pelos colonizadores inicialmente para controlar um grupo subordinado, mas que, em última análise, são tentativas dos colonizadores de se convencerem de que as suas próprias maneiras de falar sobre as coisas fazem sentido porque secretamente eles têm muito medo de que não façam.

A obra de Bhabha é criticada por ser desnecessariamente complicada e difícil de ser posta em prática para tratar de questões pós-coloniais. Ele também rejeita explicitamente a abordagem materialista e política (sobretudo marxista) dos estudos pós-coloniais — a abordagem que analisaria os impactos econômicos e materiais do colonialismo nas pessoas reais e como o seu bem-estar é afetado. Bhabha até considera potencialmente problemática a linguagem da Teoria pós-moderna utilizada por ele, ao perguntar: "A linguagem da teoria é apenas mais um estratagema do poder da elite ocidental culturalmente privilegiada para produzir um discurso do Outro que reforça a sua própria equação de poder-saber?".

Esse foco pós-moderno tem consequências. Tal investigação não está preocupada com as realidades materiais que afetam países e pessoas que estavam previamente sob o poder colonial — é uma análise das atitudes, crenças, falas e mentalidades, que são sacralizadas ou problematizadas. Os Teóricos constroem essa análise de forma simplista a partir de suposições que colocam brancos ocidentais (e o conhecimento considerado como "branco" e "ocidental", como a medicina moderna) como superiores aos orientais, negros e pardos (e os "conhecimentos" associados a culturas não ocidentais, como a medicina tradicional), apesar de serem exatamente o estereótipo que alegam querer combater.

TEORIA PÓS-COLONIAL

Mentalidades comparadas

É claro que as narrativas colonialistas existiram. Consideremos este parágrafo repulsivo e difícil de ler de 1871:

> A natureza criou uma raça de trabalhadores, a raça chinesa, que possui uma habilidade manual maravilhosa e quase nenhum senso de honra; governemos esses indivíduos com justiça, cobrando deles, em troca da bênção de tal governo, um amplo subsídio para a raça conquistadora, e eles ficarão satisfeitos; uma raça de cultivadores do solo, a negra; trate os negros com bondade e humanidade, e tudo será como deve ser; uma raça de mestres e soldados, a raça europeia. (...) Que cada um faça aquilo para o que é feito e tudo ficará bem.

Felizmente, essa não é uma atitude que vemos muito hoje em dia. Aos poucos, tornou-se cada vez menos moralmente aceitável ao longo do século xx, com a queda do colonialismo e a ascensão dos movimentos pelos direitos civis. Atualmente, seria percebida como radicalismo de extrema-direita. No entanto, a Teoria pós-colonial se refere a essas atitudes como se a sua existência passada ainda influenciasse a maneira pela qual as pessoas discutem e enxergam agora as questões. A Teoria pós-colonial acredita que problemas permanentes nos foram legados por meio da linguagem construída há séculos.

As mudanças sociais que tornaram aquele parágrafo tão repulsivo para nós hoje não se basearam na Teoria pós-moderna. Elas vieram antes dela, por causa do liberalismo universal e individual. O liberalismo considera que a ciência, a razão e os direitos humanos pertencem a todos, e não a um conjunto de indivíduos, sejam eles homens, brancos ocidentais ou qualquer outra pessoa. O pós-colonialismo pós-moderno difere radicalmente dessa abordagem liberal e costuma ser criticado por ajudar a sustentar os binários orientalistas, em vez de tentar superá-los.

- **Uma mentalidade colonial ocidental diz:** "Os ocidentais são racionais e científicos, enquanto os asiáticos são irracionais e supersticiosos. Portanto, os europeus devem governar a Ásia para o seu próprio bem."
- **Uma mentalidade liberal diz:** "Todos os seres humanos têm a capacidade de ser racionais e científicos. Portanto, todos os seres humanos devem ter todas as oportunidades e liberdades."

43

(IN)JUSTIÇA SOCIAL

- **Uma mentalidade pós-moderna diz:** "O Ocidente decidiu que a racionalidade e a ciência são boas para perpetuar o próprio poder e marginalizar formas não racionais e não científicas de produção de conhecimento de outros lugares."

A mentalidade liberal rejeita a arrogante alegação do colonialismo de que a razão e a ciência pertencem aos brancos ocidentais. A mentalidade pós-moderna a aceita, mas considera a razão e a ciência como opressoras — uma opressão que tenta corrigir aplicando os pressupostos fundamentais do pós-modernismo. A mentalidade do pós-modernismo aplicado em relação ao colonialismo é semelhante à mentalidade do pós-modernismo, mas acrescenta um componente ativista da Teoria Crítica, às vezes chamado de "igualitarismo radical".

- **Uma mentalidade do pós-modernismo aplicado diz:** "O Ocidente decidiu que a racionalidade e a ciência são boas para perpetuar o próprio poder e marginalizar formas não racionais e não científicas de produção de conhecimento de outros lugares. *Portanto, devemos agora desvalorizar as formas brancas ocidentais de saber por pertencerem aos brancos ocidentais e promover as orientais a fim de equalizar o desequilíbrio de poder.*"

Essa prática costuma ser designada como *descolonização* e leva à busca da *justiça em pesquisa.*

Descolonizar tudo

De início, o estudo acadêmico pós-colonial assumiu sobretudo a forma de crítica literária, analisando textos acerca do colonialismo, e era muitas vezes expresso na prosa altamente obscura da Teoria pós-moderna. Com a expansão da área, a linguagem se simplificou. No início dos anos 2000, o conceito de *descolonizar* as coisas começou a dominar os estudos acadêmicos e o ativismo. Os novos acadêmicos usaram e desenvolveram os conceitos de maneiras diferentes. Eles mantiveram os dois princípios e os quatro temas pós-modernos, mas expandiram o seu foco para além das ideias e falas acerca do colonialismo literal para incluir atitudes percebidas em relação a pessoas com certos *status* de identidade. Entre essas pessoas, incluíam-se grupos indígenas deslocados e indivíduos de minorias

TEORIA PÓS-COLONIAL

raciais ou étnicas — aqueles que podiam ser considerados subalternos, diaspóricos (pessoas que se espalharam para além da sua terra natal ou foram expulsas dela) ou cujas crenças, culturas ou costumes não ocidentais tinham sido desvalorizados. Atualmente, os objetivos da Teoria pós-colonial se tornaram mais concretos: focar menos nos discursos colonialistas disruptivos e mais na tomada de medidas ativas de descolonização.

"Descolonizar" algo que não é literalmente colonizado pode significar coisas diferentes. Pode referir-se a iniciativas de inclusão de mais acadêmicos de todas as nacionalidades e raças: esse é o foco principal das campanhas "Why Is My Curriculum White?" (2015) e #LiberateMyDegree (2016), da National Union of Students (NUS) do Reino Unido. No entanto, também pode se referir a um impulso para uma diversidade de "conhecimentos" e epistemologias de acordo com a Teoria, como superstições e bruxarias tribais, muitas vezes descrita como "outras maneiras de saber", assim como um impulso para criticar, problematizar e depreciar o chamado conhecimento ocidental.

Isso pode assumir a forma de tratar os espaços físicos como um "texto" que precisa de desconstrução. Um bom exemplo é o movimento "Rhodes Must Fall", que começou na Universidade da Cidade do Cabo, na África do Sul, em 2015, como uma iniciativa para a remoção da estátua em homenagem ao empresário e político britânico Cecil Rhodes. Rhodes foi o responsável por grande parte do arcabouço legal do *apartheid*, ou seja, o sistema sul-africano de segregação racial institucionalizada, que durou de 1948 até a década de 1990. É perfeitamente razoável não concordar com representações favoráveis dele, mas o movimento se espalhou por universidades ao redor do mundo e foi muito além da objeção às práticas exploradoras e iliberais do *apartheid* e do colonialismo. Na Universidade de Oxford, por exemplo, demandas por mudanças simbólicas, como a remoção de estátuas e imagens colonialistas, envolveram outras demandas ativistas, incluindo uma pressão para aumentar a representação de minorias étnicas e raciais (que concordam com a Teoria) no *campus* e um maior foco em *o que* era estudado no currículo e em *como* estava sendo estudado.

Para explicar melhor, na introdução de uma antologia de ensaios intitulada *Decolonising the University*, publicada em 2018, os editores Gurminder K. Bhambra, Dalia Gebrial e Kerem Nişancıoğlu explicam que a descolonização pode se referir ao estudo das manifestações materiais e dos discursos do colonialismo, mas também pode proporcionar *maneiras alternativas de pensamento*. Este é um exemplo de *teoria do ponto de vista* (ou *conhecimento posicional*) — a crença

(IN)JUSTIÇA SOCIAL

de que o conhecimento vem da experiência vivida de diferentes grupos identitários, que estão posicionados de maneira diversa na sociedade e, portanto, enxergam aspectos distintos dela.

Para os acadêmicos descoloniais, tanto as "formas eurocêntricas de conhecimento" como a autoridade que (injustamente, na opinião deles) concedemos às universidades ocidentais são problemas, e "a questão não é simplesmente desconstruir tais entendimentos, mas transformá-los." Em outras palavras, ao usar o ativismo para atingir um objetivo simbólico (por exemplo, a remoção de estátuas no *campus*), os ativistas da descolonização também tentam corrigir a educação para depender mais explicitamente das aplicações da Teoria.

As iniciativas de descolonização possuem dois pontos focais: a origem nacional e a raça. Bhambra e colegas, influenciados por Said, enxergam o conhecimento como relacionado à geografia: "O conteúdo do conhecimento universitário permanece governando principalmente pelo Ocidente para o Oriente." O Teórico Kehinde Andrews é mais fortemente influenciado pela Teoria crítica da raça e vê o conhecimento como intimamente relacionado à raça: "O desprezo do conhecimento negro pela sociedade não é um acaso, mas resultado direto do racismo." Segundo Andrews, devemos "deixar para trás, para sempre, a ideia de que o conhecimento pode ser produzido isento de valores. A nossa política molda a nossa compreensão do mundo e a pretensão de neutralidade ironicamente torna os nossos esforços menos válidos."

Observe onde Andrews diz que o conhecimento "isento de valores" (isento de vieses) e "neutro" é impossível de ser obtido e que devemos abandonar para sempre a tentativa de obtê-lo. Esse é o princípio do conhecimento pós-moderno em ação. A Teoria considera que o conhecimento que é mais valorizado hoje é intrinsecamente branco e ocidental, e ela interpreta isso como uma injustiça — independentemente de quão confiável tenha sido a produção desse conhecimento. Esse é o princípio político do pós-modernismo. Isso também aparece nos "Objetivos" do movimento Rhodes Must Fall, em Oxford, que buscava "corrigir a narrativa extremamente seletiva da academia tradicional — que enquadra o Ocidente como único produtor do conhecimento universal — integrando epistemologias subjugadas e locais (...) [e criando] uma academia completa e mais rigorosa intelectualmente."

O que estão falando envolve desvalorizar o conhecimento caso tenha sido descoberto no Ocidente, enaltecendo outro conhecimento — mesmo que não descreva a realidade perfeitamente — só porque veio de lugares colonizados. Isso leva a uma crença de que o rigor e a precisão resultam não de uma metodologia,

TEORIA PÓS-COLONIAL

de um ceticismo e de uma evidência de qualidade, mas da identidade de quem os produz. Essa abordagem não tende a produzir novos conhecimentos úteis, mas isso é considerado sem importância — pelo menos é mais *justo*.

Essa visão é usada para defender e se envolver em um revisionismo histórico — reescrever a história, muitas vezes a serviço de uma agenda política —, acusando métodos de pesquisa rigorosos de serem "positivistas" (uma filosofia que afirma que apenas coisas que podem ser cientificamente verificadas podem ser verdadeiras) e, portanto, tendenciosos. Como afirma Dalia Gebrial em *Decolonising the University*:

> A sensação pública do que é a história permanece influenciada pelas tendências positivistas, pelas quais o papel do historiador é simplesmente "revelar" fatos acerca do passado que valem a pena serem revelados, em um processo distante do poder. Essa insistência epistemológica na história como um empreendimento positivista funciona como uma ferramenta útil da colonialidade na instituição, pois apaga as relações de poder que sustentam o que a "produção da história" tem parecido até agora.

Nesse caso, a reclamação é que a história não é confiável porque é "escrita pelos vencedores". Há um pouco de verdade nisso, mas bons historiadores tentam eliminar tanto quanto possível os seus próprios vieses das suas obras, procurando evidências que desmintam as suas afirmações. A abordagem da descolonização tende a desconsiderar isso, levando as suas interpretações ao cinismo excessivo.

Por exemplo, os historiadores das guerras medievais costumam aconselhar os leitores a dividir por dez o número de soldados que se afirmava terem lutado em uma batalha para obter um número mais realista. Essa tendência de exagerar em grande escala os números (provavelmente para tornar a história mais empolgante) foi descoberta por historiadores que pesquisaram registros do pagamento dos soldados. Da mesma forma, acadêmicas feministas utilizaram registros jurídicos e financeiros para revelar que as mulheres desempenharam um papel muito mais ativo na sociedade, no direito e nos negócios do que se pensava. O nosso conhecimento da história é distorcido pelos registros tendenciosos que sobrevivem, mas a maneira de mitigar isso é investigar as evidências e revelar os vieses das narrativas comuns, não incluir uma gama maior de vieses e declarar alguns deles imunes a críticas.

(IN)JUSTIÇA SOCIAL

Além de criticar os estudos acadêmicos baseados em evidências, as narrativas descoloniais atacam a racionalidade, que os acadêmicos pós-coloniais consideram um modo ocidental de pensar. Por exemplo, o ensaio "Decolonising Philosophy", publicado no livro *Decolonising the University*, diz:

> (...) será difícil contestar a ideia de que, de modo geral, a filosofia como área ou disciplina nas universidades ocidentais modernas permanece um bastião de eurocentrismo e de branquitude, em geral, e de privilégio e superioridade estrutural branca, heteronormativa e masculina, em particular.

No estilo típico da teoria do ponto de vista, os autores do ensaio consideram que os conceitos filosóficos valem apenas tanto quanto o gênero, a raça, a sexualidade e a geografia dos seus autores. Ironicamente, os autores estão usando a ideia de "poder-saber" de Foucault, apesar do fato de Foucault ser um homem branco ocidental.

O conceito de conhecimento de Foucault e a maneira como é utilizado para desconstruir categorias que aceitamos como reais influencia essa linha de pensamento Teórico. Por exemplo, vemos isso nessa descrição da missão de descolonização, no ensaio "Decolonising Philosophy":

> Nenhuma iniciativa séria de descolonizar a filosofia pode se contentar em simplesmente adicionar novas áreas a um arranjo existente de poder-saber, deixando em vigor as normas eurocêntricas que definem o campo em geral ou reproduzindo elas mesmas tais normas. Por exemplo, ao nos envolvermos em filosofias não europeias, é importante evitar a reprodução de concepções problemáticas de tempo, espaço e subjetividade que estão incorporadas na definição eurocêntrica da filosofia europeia e os seus muitos avatares.

Ou seja, não basta acrescentar outras abordagens filosóficas à área que se quer descolonizar. A filosofia europeia deve ser inteiramente rejeitada — até ao ponto de desconstruir o *tempo e espaço* como constructos ocidentais.

Na Teoria pós-colonial, vemos todos os quatro temas pós-modernos: a indefinição de fronteiras, o poder da linguagem, o relativismo cultural e a perda do individual e do universal em favor da identidade grupal. Esses temas são centrais para a mentalidade da Teoria pós-colonial e para o movimento de descolonização.

Relegar o tempo, o espaço e a razão ao *status* de "constructo ocidental" é um exemplo clássico de pós-modernismo aplicado e acionável. A ação que defende costuma ser chamada de "justiça em pesquisa".

Conseguindo a justiça em pesquisa

A *justiça em pesquisa* diz respeito à crença de que a ciência, a razão, o empirismo, a objetividade, a universalidade e a subjetividade são maneiras superestimadas de obtenção de conhecimento, ao passo que a emoção, a experiência, as narrativas e os costumes tradicionais e as crenças espirituais são subestimadas. Os defensores da justiça em pesquisa afirmam que sistemas mais completos e justos de produção de conhecimento valorizariam estes pelo menos tanto quanto aqueles — ou mais, por causa do longo reinado da ciência e da razão.

Nesse caso, o livro *Research Justice: Methodologies for Social Change*, de 2015, editado por Andrew Jolivétte, é um texto fundamental. Jolivétte, professor e ex-chefe do departamento de estudos de povos indígenas norte-americanos da Universidade Estadual de São Francisco, explica os objetivos desse método na sua introdução:

> A "justiça em pesquisa" é um arcabouço estratégico e uma intervenção metodológica que visa transformar desigualdades estruturais em pesquisa. (...) Ela é construída em torno de uma visão de poder político e legitimidade iguais para diferentes formas de conhecimento, incluindo as formas cultural, espiritual e experiencial, com o objeto de maior igualdade em políticas públicas e leis que dependem de dados e pesquisas para produzir mudanças sociais.

Isso é ativismo que visa tanto revolucionar a compreensão do conhecimento e o rigor nas universidades quanto influenciar as políticas governamentais, afastando-se do trabalho evidenciado e fundamentado e se voltando para o emocional, religioso, cultural e tradicional, com ênfase na *experiência vivida*.

Isso surge com força no livro *Decolonizing Research in Cross-Cultural Contexts: Critical Personal Narratives*, de 2004, que enfoca estudos indígenas. Citando Homi K. Bhabha, os editores apresentam os ensaios afirmando:

Essas obras estão no centro do "início do presenciar" de um conhecimento desarmônico, inquieto e inaproveitável (portanto, não essencializável) que é produzido no local ex-cêntrico da resistência neo/pós-colonial, "que nunca pode permitir que a história nacional (*leia-se: colonial/ocidental*) se olhe narcisisticamente nos olhos".

Isso significa que os autores dos ensaios desse livro não precisam fazer sentido, produzir argumentos fundamentados, evitar contradições lógicas ou fornecer evidências para as suas alegações. As expectativas normais da "pesquisa" acadêmica não se aplicam quando se busca justiça em pesquisa. Sem dúvida, isso é alarmante.

Linda Tuhiwai Smith, professora de educação indígena da Universidade de Waikato, na Nova Zelândia, explica:

Da perspectiva do colonizado, a posição a partir da qual escrevo e escolho privilegiar, o termo "pesquisa" está inextricavelmente ligado ao imperialismo e ao colonialismo europeus. Provavelmente, a própria palavra "pesquisa" é uma das palavras mais sujas do vocabulário do mundo indígena.

Não está claro como essa atitude ajudará as pessoas do "mundo indígena" que precisam de pesquisas baseadas em evidências tanto quanto o resto de nós no século XXI.

A "justiça em pesquisa" julga o trabalho acadêmico pela identidade do produtor e não pela sua qualidade, e dá preferência ao trabalho que a Teoria pós-colonial considera marginalizado. Esse é um movimento compreensível para os pós-modernos, que negam que possa haver qualquer critério objetivo de qualidade e para quem existem apenas aqueles que foram privilegiados e aqueles que foram marginalizados. Contudo, na ciência (incluindo as ciências sociais) há uma medida objetiva de qualidade: a realidade. Algumas teorias científicas funcionam e outras não. Os bons cientistas e acadêmicos formulam perguntas, desenvolvem hipóteses, realizam experimentos e estudos que põem à prova as suas hipóteses e tiram conclusões pelo estudo dos dados. Eles não abrem mão das pesquisas baseadas em evidências nem começam com as suas conclusões.

As teorias científicas que não correspondem à realidade não podem beneficiar pessoas marginalizadas ou quaisquer pessoas.

Mantendo o problema, às avessas

A posição de que a pesquisa baseada em evidência e os argumentos fundamentados pertencem ao Ocidente, enquanto o "conhecimento" experiencial e irracional pertence aos povos colonizados ou indígenas deslocados, não é universalmente aceita pelos acadêmicos colonizados ou indígenas. Muitos deles produzem trabalhos consistentes sobre questões econômicas, políticas e jurídicas, e criticam a abordagem pós-moderna do pós-colonialismo.

Uma das críticas mais importantes dessa abordagem é a acadêmica pós-colonial indiana Meera Nanda. Ela sustenta que, ao atribuir a ciência e a razão ao Ocidente e as crenças tradicionais, espirituais e experienciais à Índia, os acadêmicos pós-modernos perpetuam o orientalismo e tornam muito difícil abordar as inúmeras questões reais que podem ser mais bem enfrentadas por meio da ciência e da razão. Nanda observa que, na visão desses críticos, "a ciência moderna é tanto uma tradição local do Ocidente quanto o conhecimento indígena do subalterno não ocidental é um conhecimento local da sua cultura".

A abordagem Teórica do pós-colonialismo apenas inverte as estruturas de poder. Enquanto o colonialismo constrói o Oriente como um coadjuvante do Ocidente, a Teoria pós-colonial constrói intencionalmente o Oriente como oposição nobre e oprimida ao Ocidente (embora o liberalismo diga que as pessoas são pessoas, onde quer que vivam). Para Nanda, essa abordagem pós-moderna prejudica o progresso tecnológico e social que beneficiaria as pessoas mais pobres da Índia e confere poder a atitudes conservadoras a respeito do progresso:

> O ânimo da teoria pós-moderna/pós-colonial contra os valores do iluminismo e a sua indulgência em relação às contradições a tornam, sem dúvida, compatível com uma resolução tipicamente de direita do assincronismo (ou o lapso de tempo) entre a tecnologia avançada e um contexto social regressivo que as sociedades em desenvolvimento normalmente experimentam no processo de modernização.

Além disso, Nanda acredita que é aviltante para o povo indiano dizer que o seu conhecimento é irracional e supersticioso e assumir que a ciência é uma tradição pertencente ao Ocidente, não um desenvolvimento singularmente humano que é extremamente benéfico para todas as sociedades.

É nisso que nós também acreditamos.

(IN)JUSTIÇA SOCIAL

Uma Teoria perigosa e paternalista

A Teoria pós-colonial representa uma ameaça do mundo real à sociedade que o pós-modernismo original não representava. As iniciativas para destruir pinturas, demolir estátuas e reescrever a história são particularmente alarmantes. Quando Winston Churchill, Joseph Conrad e Rudyard Kipling passam a ser símbolos do imperialismo racista, e as suas realizações e os seus escritos ficam tão maculados que não possam ser reconhecidos, perdemos a possibilidade de uma discussão matizada da história e do progresso e também as contribuições positivas desses homens.

Pior ainda, a Teoria pós-colonial e a maneira pela qual ela deprecia a ciência e a razão ameaçam os fundamentos das sociedades contemporâneas avançadas e retardam o progresso daquelas em desenvolvimento. Muitos países em desenvolvimento se beneficiariam de uma tecnologia atualizada, que poderia melhorar algumas das causas mais significativas do sofrimento humano no mundo: malária, escassez de água e saneamento precários em zonas rurais remotas. Privar os países em desenvolvimento dos frutos da ciência moderna porque ela provém do conhecimento "ocidental" opressor não seria apenas paternalista, mas também seria negligente e perigoso.

O relativismo cultural do pós-colonialismo causa danos do mesmo modo. Ele afirma que, como o Ocidente esmagou outras culturas e impôs estruturas morais estranhas sobre elas, deve agora parar de criticar qualquer aspecto dessas culturas e, em alguns casos, parar de ajudá-las.

Por exemplo, feministas da Arábia Saudita, liberais seculares do Paquistão e ativistas de direitos LGBT de Uganda utilizaram *hashtags* em inglês nas redes sociais para chamar a atenção do mundo anglófono para os abusos dos direitos humanos nos seus países. Essas campanhas receberam pouca resposta dos acadêmicos e ativistas do pós-modernismo aplicado que deveriam apoiar essas causas. Eles têm dois argumentos comuns para se justificar.

Em primeiro lugar, eles sustentam que fazer uma cultura não ocidental aceitar que existem abusos de direitos humanos ocorrendo localmente requer colonizar essa cultura com ideias ocidentais acerca de direitos humanos. Isso é proibido, porque reforça a dinâmica de poder que a Teoria pós-colonial quer desmantelar.

Em segundo lugar, a Teoria pós-colonial costuma alegar que quaisquer abusos de direitos humanos em países anteriormente colonizados são o legado do colonialismo. Muitas vezes isso não é verdade. Alguns abusos de direitos humanos

TEORIA PÓS-COLONIAL

podem estar ligados a crenças religiosas e culturais não ocidentais — por exemplo, o abuso generalizado de mulheres, secularistas e LGBT em países controlados por islâmicos estritos. A Teoria pós-colonial não considera as posições socialmente conservadoras rígidas como uma característica das interpretações autoritárias do Islã — como os próprios islâmicos afirmam —, mas as interpreta como resultado do colonialismo e imperialismo ocidental, que, segundo ela, desvirtuou essa cultura e a fez se tornar abusiva. Isso costuma impedir campanhas ativistas seculares que poderiam ajudar a resolver esses problemas.

Pode ser difícil discutir com aqueles que acreditam na Teoria pós-colonial, porque eles veem o conhecimento e a ética como constructos culturais mantidos pela linguagem. Eles enxergam os argumentos evidenciados e fundamentados como constructos ocidentais e, portanto, inválidos ou até opressores. Aqueles que discordam deles são vistos como defensores de posições racistas, colonialistas ou imperialistas. A mentalidade pós-colonial não consegue deixar de encontrar exemplos de "alterização", "orientalismo" e "apropriação" em tudo.

Esse problema não deve ser subestimado. Só podemos aprender com as realidades do colonialismo e as suas consequências estudando-as com rigor. Os acadêmicos e ativistas pós-coloniais que negam a existência da realidade objetiva e querem reescrever a história não estão fazendo isso. Assim como aqueles que rejeitam o raciocínio lógico, a pesquisa baseada em evidências, a ciência e a medicina, aqueles que sustentam que o espaço e o tempo são constructos ocidentais e também aqueles que escrevem uma prosa incompreensivelmente complicada e negam que a linguagem possa ter significado.

Em geral, esses acadêmicos trabalham em universidades ocidentais de elite, utilizando uma estrutura teórica densa. O trabalho deles é de muito pouco uso prático para as pessoas dos países anteriormente colonizados que estão ocupadas tentando viver e lidar com as consequências políticas e econômicas do colonialismo. É provável que uma ideologia que afirma que a matemática é um instrumento do imperialismo ocidental, que vê a alfabetização como tecnologia colonial e apropriação pós-colonial ou que confronta a França e os Estados Unidos no que se refere a apropriação cultural e desvalorização do rebolado não tenha nenhuma utilidade para essas pessoas.

CAPÍTULO 4

Teoria queer

LIBERTANDO DO NORMAL O GÊNERO E A SEXUALIDADE

A Teoria *queer* tem a ver com a libertação do normal, sobretudo quando se trata de gênero e sexualidade. Ela considera que a opressão acontece sempre que a linguagem constrói um sentido do que é "normal", definindo categorias — tais como sexo (homem e mulher), gênero (masculino e feminino), sexualidade (heterossexual, *gay*, lésbica, bissexual e assim por diante) — e encaixando nelas as pessoas. Esses conceitos aparentemente óbvios são vistos como opressores, se não violentos, e assim o principal objetivo da Teoria *queer* é examiná-los, questioná-los e subvertê-los, a fim de destruí-los.

Para fazer isso, é utilizado o princípio do conhecimento pós-moderno, que rejeita a possibilidade de que uma realidade objetiva seja alcançável, e o princípio político pós-moderno, que entende a sociedade como sendo estruturada em sistemas injustos de poder. A Teoria *queer* faz uso dos dois princípios para satisfazer o seu propósito máximo que é identificar as maneiras pelas quais as categorias linguísticas criam opressão e destruí-las. Também utiliza os temas pós-modernos que se referem ao poder da linguagem (a linguagem cria as categorias, as impõe e roteiriza as pessoas nelas) e a indefinição de fronteiras (as fronteiras são arbitrárias e opressoras, e podem ser apagadas tornando-as indistintas).

A Teoria *queer* valoriza a incoerência, a falta de lógica e a ininteligibilidade como ferramentas para desprezar a norma em favor do "*queer*", que, orgulhosamente, a chama de uma "identidade sem uma essência". Ela é nebulosa intencionalmente e irrelevante no mundo real, exceto por meio da erosão social, mas influenciou de maneira profunda o desenvolvimento da Teoria pós-moderna nas suas formas aplicadas mais recentes, como estudos de gênero, ativismo *trans*, estudos sobre deficiência e sobre o corpo gordo.

Uma breve história da Teoria *queer*

Como a Teoria pós-colonial, a Teoria *queer* se desenvolveu em resposta a um contexto histórico específico. Ela surgiu de grupos radicais que vinham revolucionando os estudos feministas, *gays*, lésbicos e o seu ativismo desde a década de 1960. O movimento pelos direitos dos *gays* também ajudou a desencadear um novo interesse no estudo da homossexualidade e nas formas como ela havia sido categorizada e estigmatizada, tanto historicamente quanto no presente. A Teoria *queer* também foi profundamente influenciada pela crise da AIDS na década de 1980, que tornou os direitos dos *gays* uma questão social e política urgente.

Como a Teoria pós-colonial, a Teoria *queer* possui um ponto subjacente sólido. A maneira como enxergamos a sexualidade mudou. Ao longo da história cristã, a homossexualidade masculina foi considerada um pecado terrível. Em total contraste, na cultura grega antiga, era aceitável que os homens mantivessem relações sexuais com meninos adolescentes até que estivessem prontos para se casar — momento em que se esperava que eles passassem a manter relações sexuais com mulheres. Em ambos os casos, a homossexualidade era vista como *algo que as pessoas faziam*, em vez de *quem elas eram.*

A ideia de que alguém poderia *ser gay* só começou a ganhar reconhecimento no século XIX, aparecendo primeiro em textos médicos e em subculturas homossexuais. Então, a percepção pública a respeito dos homossexuais passou a mudar pouco a pouco, à medida que a sexologia se tornou uma área de estudo no final do século XIX. Em meados do século XX, os *gays* foram considerados menos como criminosos degenerados que deviam ser punidos e mais como indivíduos vergonhosamente transtornados que requeriam tratamento psiquiátrico. Ainda assim horrível, mas acredite ou não, foi realmente uma ligeira melhora. Durante a segunda metade do século XX, essa atitude tornou a mudar e a atitude liberal em relação à homossexualidade ganhou superioridade moral. Essa atitude pode ser resumida como "tudo bem ser *gay*".

No entanto, a ideia liberal universal, que enfatiza a nossa humanidade comum, é considerada problemática pelos Teóricos *queer*. Ela apresenta orientações sexuais como categorias estáveis e não como rótulos fluidos pelos quais as pessoas podem transitar sempre que quiserem. Não define os *status* LGBT como constructos sociais, construídos pelos poderosos a serviço da dominação e da opressão, mas como algo que a pessoa simplesmente *é*, devido a alguma combinação de natureza e criação. Então, surpreendentemente, a Teoria *queer* pode considerar que *não está* "tudo bem ser *gay*", porque o "tudo bem" tornaria ser *gay* outro tipo de *normal*, ao que a Teoria *queer* resiste por princípio. É por isso que muitos ativistas dos direitos dos *gays* da década de 1990 tiveram que travar a sua luta pelos direitos nas duas frentes: uma contra os conservadores sociais, que consideravam a homossexualidade pecaminosa e errada, e outra contra os Teóricos *queer*, que queriam impedir a normalização (ou seja, a aceitação plena) da homossexualidade para que pudessem mantê-la como um lugar para uma política identitária radical e desconstrutiva.

Embora mudanças drásticas tenham ocorrido em como encaramos a homossexualidade durante o último século e meio, a nossa compreensão do sexo e do gênero não mudou muito. Em geral, entendemos que a nossa espécie possui dois sexos, com o gênero da maioria das pessoas — a expressão exterior do seu sexo — alinhado com o seu sexo. No entanto, os *papéis* de gênero mudaram consideravelmente. Ao longo da maior parte da história cristã, os homens foram associados à esfera pública e à mente, e as mulheres, à esfera privada e ao corpo. Por causa das suas funções reprodutivas, as mulheres foram consideradas biologicamente mais adequadas para funções subservientes, domésticas e protetoras, enquanto os homens foram considerados biologicamente mais adequados para funções de liderança, engajamento público e gerência assertiva. Essa atitude, chamada de *essencialismo biológico*, dominou a sociedade cerca do final do século XIX, quando o pensamento e o ativismo feministas começaram a erodi-la.

Com o essencialismo biológico caindo no esquecimento, tornou-se necessária outra maneira de distinguir entre sexo e gênero. A palavra "gênero" não foi usada para descrever os seres humanos até o século XX — algumas línguas ainda não têm uma palavra específica para se referir a gênero —, mas parece que sempre tivemos a *ideia* de gênero e que sempre a consideramos relacionada ao sexo, mas não sinônimo dele. Se a frase "Ela é uma mulher muito masculina" faz sentido para você, você já diferencia sexo — uma categoria biológica — de gênero — comportamentos e características que se manifestam mais comumente, porém não exclusivamente, em um sexo e em diferentes graus. A história está repleta de exemplos de pessoas que se referiam a características e comportamentos "másculos" e "feminis", ou masculinos e femininos, aplicando esses adjetivos com aprovação e reprovação para homens e mulheres.

No Ocidente, algumas grandes mudanças ocorreram na segunda metade do século XX devido a uma segunda onda de ativismo feminista, na sequência de uma onda anterior de importante ativismo feminista que teve início no século XIX.

Enquanto as mulheres conquistaram o direito de voto no que agora se conhece como a primeira onda do feminismo, nessa segunda onda, as mulheres obtiveram o controle da sua função reprodutiva e o direito de trabalhar em qualquer emprego e receber o mesmo salário que os homens pela mesma função. Atualmente, as mulheres trabalham em todas as profissões e enfrentam poucas barreiras legais ou culturais no Ocidente, embora ainda não façam as mesmas escolhas profissionais em número igual ao dos homens.

Mudanças semelhantes resultaram do movimento pelos direitos dos *gays* e, mais à frente, dos movimentos pelos direitos dos *trans* e do Orgulho *Gay*, que conseguiram remover diversas barreiras legais e culturais para pessoas LGBT. A maioria dessas mudanças resultou do reconhecimento das raízes biológicas do sexo, do gênero e da sexualidade, e da percepção de que as pessoas não escolhem esses elementos em si mesmas. Porém, os Teóricos *queer*, sobretudo aqueles com uma perspectiva feminista, assumem esse progresso como evidência da construção social de gênero e sexualidade. A lacuna entre sexo e gênero foi aceita como evidência de que gênero — e até sexo — são inventados.

Como os Teóricos pós-coloniais, os Teóricos *queer* estão menos preocupados com o progresso material do que com a maneira pela qual os discursos dominantes criam e impõem categorias como "masculino", "feminino" e "*gay*". As idealizadoras da Teoria *queer*, incluindo Gayle Rubin, Judith Butler e Eve Kosofsky Sedgwick, basearam-se significativamente na obra de Michel Foucault e no seu conceito de *biopoder* — o poder dos discursos científicos (biológicos). Infelizmente, elas não se dão conta de que entender os *status* de sexo, gênero e sexualidade como sustentados pela biologia tende a levar as pessoas a aceitar mais as diferenças, e não menos, porque a orientação sexual e a identidade de gênero são consideradas algo que os indivíduos não podem controlar e, portanto, não são questões morais. Assim como não culpamos uma mulher por ter uma altura mais comum aos homens, não devemos culpá-la por se sentir atraída por mulheres, o que é mais comum entre os homens. O liberalismo gerou o tipo de progresso cujo crédito as Teorias pós-modernas costumam reivindicar — sem o uso das Teorias pós-modernas.

Queer como verbo; *queer* como substantivo

A Teoria *queer* trata de problematizar discursos (encontrar questões problemáticas em como falamos sobre as coisas), desconstruir categorias e ser profundamente cética em relação à ciência. Acompanhando Foucault, ela examina a história e mostra quais categorias e discursos eram aceitos como verdadeiros no passado e não são mais. Isso é usado para demonstrar que as categorias que parecem tão óbvias para nós agora — homem/mulher, masculino/feminino, heterossexual/homossexual — são simplesmente construídas socialmente pelos discursos dominantes de hoje.

Para o Teórico *queer*, isso não significa apenas que vamos categorizar sexo, gênero e sexualidade de maneira diferente no futuro, mas também que, em breve, poderemos considerar tais categorias como arbitrárias e quase infinitamente flexíveis, o que também acompanha Foucault, especificamente a sua expectativa de expandir as "potencialidades do ser" por meio do seu estilo de crítica.

É aqui que entra a palavra *queer*. "*Queer*" se refere a qualquer coisa que se situa fora dos binários (como homem/mulher, masculino/feminino e heterossexual/homossexual), e também é uma maneira de desafiar as ligações entre sexo, gênero e sexualidade. Contesta, por exemplo, as expectativas de que mulheres serão femininas e sexualmente atraídas por homens, e que as pessoas devem se enquadrar em uma categoria de homem ou mulher, masculino ou feminino ou em qualquer sexualidade específica. Ser *queer* permite que alguém seja simultaneamente homem, mulher ou nenhum dos dois, apresente-se como masculino, feminino, neutro ou qualquer mistura dos três, e adote qualquer sexualidade — e mude qualquer uma dessas identidades a qualquer momento.

Isso não é apenas defender a expressão individual. É uma declaração política das "realidades" socialmente construídas de sexo, gênero e sexualidade. Como as outras Teorias pós-modernas, a Teoria *queer* é um projeto político. A sua agenda política consiste em desafiar a *normatividade*, ou seja, a ideia de que, como algumas coisas são mais comuns ou regulares à condição humana, elas são a maneira natural de as coisas serem.

A normatividade é considerada algo ruim pelos Teóricos *queer* porque eles acreditam que se consideramos algo normal ou natural, consideramos que é bom. Assim, eles costumam usar prefixos como *hetero-* (heterossexual), *cis-* (gênero e compatibilidade sexual) e *magro-* (não obeso) como pejorativos. Ao desafiar a normatividade, a Teoria *queer* procura unir os grupos minoritários que estão fora das categorias normativas sob uma bandeira única: "*queer*". Deve ser libertador para aqueles que não se enquadram perfeitamente em categorias de sexo, gênero e sexualidade, e também para aqueles que não se enquadrariam se não tivessem sido socializados nelas. Isso gera uma espécie de coalizão de identidades de gênero e sexual minoritárias.

Nos últimos anos, também se tornou comum a palavra "*queer*" ser usada como verbo. *Queering* consiste em desfazer normas para libertar as pessoas das expectativas contidas nas normas — por exemplo, a expectativa de que as mulheres sejam "feminis" e os homens sejam "másculos". *Queering* o gênero significaria tratar as duas categorias mais comuns, homem e mulher, como tão fluidas e indefiníveis quanto o espaço não binário no meio, e acreditar que haveria tantas pessoas não binárias quanto haveria homens ou mulheres se não fôssemos socializados para acreditar de maneira diferente — talvez até mais!

A Teoria *queer* acredita que categorizar gênero e sexualidade (ou qualquer outra coisa) habilita a normatividade e a utiliza para restringir os indivíduos. Ela aborda esse problema de maneiras pós-modernas, que se baseiam sobretudo na obra de Michel Foucault e de Jacques Derrida. A sua influência torna a Teoria *queer* notoriamente difícil de definir, por causa da sua desconfiança radical em relação à linguagem e do seu desejo de evitar todas as categorizações, inclusive de si mesma. David Halperin tenta definir "*queer*" no seu livro *Saint Foucault: Towards a Gay Hagiography*, de 1997, descrevendo "*queer*" como "*tudo* o que está em desacordo com o normal, o legítimo, o dominante. *Não há nada em particular a que necessariamente se refere. É uma identidade sem uma essência*".

A Teoria *queer* também resiste a definições funcionais baseadas no que ela faz. Em geral, os artigos que utilizam a Teoria *queer* começam examinando uma ideia, problematizando-as de maneiras *queer* (ou "*queering*" ou "*genderfucking*" — um termo acadêmico real!) e, finalmente, concluindo que não pode haver conclusões. Como afirma Annamarie Jagose, autora de *Queer Theory: An Introduction*: "Não se trata simplesmente de que o *queer* ainda tem que se consolidar e assumir um perfil mais consistente, mas sim que a sua indeterminação de definição, a sua elasticidade, é uma das suas características constituintes".

A incoerência da Teoria *queer* é uma característica, não um defeito.

O legado *queer* da história da sexualidade

Como a maioria das pessoas agora reconhece, muitas das nossas ideias acerca de sexo, gênero e sexualidade — e em particular acerca de seus papéis associados — são maleáveis. Quase todo o mundo aceita que uma combinação de biologia humana e cultura ocorre para criar expressões de sexo, gênero e sexualidade. Como afirma o biólogo evolucionário E. O. Wilson, "Nenhum acadêmico sério consideraria que o comportamento humano é controlado como é o instinto animal, sem a intervenção da cultura".

A Teoria *queer* assume uma postura radicalmente cética em relação à ciência. Se a biologia faz uma aparição em estudos Teóricos *queer*, em geral é por um de dois propósitos: problematizá-la como uma forma de saber supremacista que apoia grupos poderosos, como homens cisgêneros heterossexuais; ou para trazer à tona a existência de pessoas interssexuais, o que ninguém nega. As pessoas interssexuais são apontadas apenas para ofuscar o fato de que uma proporção esmagadora de *Homo sapiens* é sexuada masculina ou feminina, e que a expressão de gênero costuma se correlacionar com o seu sexo. Esses fatos são preteridos por apoiar a normatividade.

Deixar a biologia de lado limita a capacidade da Teoria *queer* de realmente investigar a maneira pela qual a apresentação e as expectativas de gênero são socializadas em nós, ao mesmo tempo que torna *insights* potencialmente valiosos quase irrelevantes para aqueles que estudam seriamente essas questões. Existem biólogos e psicólogos progredindo no conhecimento de como os sexos diferem (ou não diferem) biológica ou psicologicamente em média, como a sexualidade funciona e por que algumas pessoas são *gays*, lésbicas, bissexuais ou transgênero, mas seu trabalho não é bem recebido pela Teoria *queer*. Ele é visto com suspeição, como uma forma perigosa ou até "violenta" de categorizar e restringir os que não se encaixam perfeitamente em uma de duas categorias: "homem masculino atraído por mulheres" e "mulher feminina atraída por homens".

Em grande medida, Michel Foucault é responsável por esse entendimento do papel opressor da ciência. Além do "poder-saber", ele estava preocupado com o "biopoder" — ou seja, como a ciência legitima o conhecimento que os poderosos utilizam para se manter no poder. No seu estudo de quatro volumes, *The History of Sexuality* [*História da sexualidade*], Foucault sustenta que, desde o final do século XVII, houve uma explosão de conversas acerca de sexo — tanto o ato sexual quanto o conceito biológico. Segundo Foucault, quando os cientistas começaram a estudar e categorizar a sexualidade, eles simultaneamente a construíram e criaram as identidades e categorias sexuais que utilizamos hoje em dia. Ele afirma:

> A sociedade que surgiu no século XIX — burguesa, capitalista ou industrial, chame-a como quiser — não confrontou o sexo com uma recusa radical de reconhecimento. Pelo contrário, colocou em funcionamento toda uma máquina para produzir discursos verdadeiros a seu respeito.

A visão de Foucault era que os discursos produzidos por essa "máquina" foram reconhecidos como "verdade" e, então, impregnaram todos os níveis da sociedade. Esse é um processo de poder, mas não, como alegaram os filósofos marxistas, um processo em que as autoridades religiosas ou seculares impõem uma ideologia ao povo. No pensamento marxista, o poder é como um peso, pressionado de cima para baixo pela burguesia (os proprietários de empresas) sobre o proletariado (os trabalhadores). A visão de Foucault (e da Teoria) é que o poder é um sistema do qual todos participamos constantemente por meio da maneira como falamos sobre as coisas e das ideias que consideramos verdadeiras. É um sistema no qual somos socializados. De acordo com Foucault, a ciência legitima o conhecimento — e, portanto, o poder — e detém prestígio na sociedade por causa da sua capacidade de fazer isso.

Foucault deu a isso o nome "biopoder", alegando que o discurso científico "se arvorou em autoridade suprema em questões de necessidade higiênica" e, "em nome da premência biológica e histórica, justificou os racismos do Estado" porque "baseou-os na 'verdade'". Foucault sustenta que o poder permeia todo o sistema da sociedade, perpetuando-se por meio de discursos. Ele chamou isso de "onipresença do poder". "O poder está em toda parte", Foucault escreve, "não porque abarcou tudo, mas porque vem de toda parte".

A partir dessas premissas básicas, enunciadas pela primeira vez na década de 1970, Foucault forneceu as bases filosóficas para a Teoria *queer* da década de 1990.

As fadas madrinhas da Teoria *queer*

A Teoria *queer* evoluiu a partir de uma visão pós-moderna de sexo, gênero e sexualidade. As suas três figuras fundadoras são Gayle Rubin, Judith Butler e Eve Kosofsky Sedgwick, que se basearam decisivamente em Foucault para assentar as bases da Teoria *queer* na década de 1980.

No seu ensaio "Thinking Sex", publicado em 1984, Gayle Rubin afirma que o que consideramos moralmente "sexo bom" e moralmente "sexo ruim" são avaliações construídas socialmente por diversos grupos e seus discursos a respeito da sexualidade. Rubin era bastante cética em relação aos estudos biológicos referentes ao sexo e à sexualidade. O seu ensaio rejeitou o que ela considerou como "essencialismo sexual" — "a ideia de que o sexo é uma força natural que existe antes da vida social e molda as instituições". Para Rubin:

> É impossível pensar com clareza a respeito das políticas de raça ou gênero uma vez que estas sejam pensadas como entidades biológicas em lugar de constructos sociais. Da mesma forma, a sexualidade é impermeável à análise política, uma vez que seja concebida principalmente como fenômeno biológico ou aspecto da psicologia individual.

Rubin afirma que devemos acreditar que sexo, gênero e sexualidade são constructos sociais *não* porque seja necessariamente verdade, mas porque será *mais fácil politizá-los e exigir mudanças* se forem constructos sociais do que se forem biológicos. Se os discursos impõem a ideia de que são biológicos, então eles são mais resistentes ao ativismo político.

Essa visão orientada pela agenda política vai contra o rigor da investigação científica e a ética do ativismo liberal universal para igualdade de gênero e LGBT. O liberalismo não exige que acreditemos que gênero e sexualidade são socialmente construídos para sustentar que a discriminação é errada.

Rubin expressa a sua posição a respeito disso em "Thinking Sex":

> Os conceitos de opressão sexual foram alojados nesse entendimento mais biológico da sexualidade. Muitas vezes é mais fácil recorrer à noção de uma libido natural sujeita à repressão desumana do que reformular conceitos de injustiça sexual dentro de uma estrutura mais construtivista. Mas é essencial que façamos isso.

Rubin insiste que é crucial rejeitar a biologia e abraçar plenamente a ideia de que sexo e sexualidade foram construídos em uma hierarquia injusta, ainda que ela reconheça que seria mais fácil aceitar que diferentes sexualidades existem naturalmente e que algumas delas foram injustamente discriminadas. A rejeição da biologia foi considerada uma necessidade política. Assim, frequentemente vemos a Teoria *queer* rejeitando a ciência quando os seus resultados se desviam da Teoria, rejeitando o liberalismo quando este coloca a humanidade universal em primeiro lugar e rejeitando o feminismo quando este considera as mulheres uma classe de pessoas oprimidas pelos homens. Em vez disso, a Teoria *queer* prioriza o "*queerness*".

A Teórica *queer* mais influente é Judith Butler. A sua obra se tornou influente em várias formas de estudos acadêmicos e até mesmo na sociedade em geral. Butler é uma filósofa norte-americana, influenciada pelo pensamento feminista

TEORIA *QUEER*

francês, que se baseia decisivamente no pós-modernismo, sobretudo na obra de Foucault e Derrida. A principal contribuição de Butler para a Teoria *queer* foi questionar as ligações entre sexo (as categorias biológicas do masculino e feminino), gênero (os comportamentos e as características geralmente associados a um sexo ou outro) e sexualidade (a natureza do desejo sexual).

Na década de 1990, Butler sustentou que gênero e sexo são distintos, sem associação necessária entre os dois. Para apoiar a sua teoria, ela empregou o seu conceito mais conhecido: a *performatividade de gênero*. Essa é uma ideia bastante complicada e foi definida no seu livro *Bodies That Matter: On the Discursive Limits of "Sex"* [*Corpos que importam: Os limites discursivos do "sexo"*], de 1993.

Embora o termo pareça estar se referindo a uma *performance* de palco, o conceito de performatividade de gênero não se refere à arte dramática. Por exemplo, um ator masculino pode desempenhar um papel feminino no palco, mas sabendo que é um homem. Não é isso o que Butler quer dizer quando descreve o gênero como "performativo". No seu livro inovador *Gender Trouble: Feminism and the Subversion of Identity* [*Problemas de gênero: Feminismo e subversão da identidade*], de 1990, Butler afirma que os papéis de gênero são ensinados e aprendidos — muitas vezes inconscientemente, por meio da socialização — como conjuntos de ações, comportamentos, costumes e expectativas, e que as pessoas desempenham esses papéis de forma correspondente.

Para Butler, o gênero é um conjunto de coisas que uma pessoa *faz*, e não quem ela *é*. A sociedade impõe essas ações e as encaixa em categorias como "masculino" e "másculo", de modo que esses papéis se tornam "reais" por meio da performatividade de gênero. As pessoas aprendem a desempenhar o seu gênero "corretamente" e acabam perpetuando a realidade social chamada de "gênero" por causa da imensa pressão social. A visão de Butler é que as pessoas não nascem sabendo que são homens, mulheres, heterossexuais ou *gays* e, portanto, não agem de acordo com quaisquer fatores inatos. Em vez disso, elas são socializadas nesses papéis desde o nascimento e, então, perpetuam e mantêm o significado desses papéis assumindo-os como *performances* que lhes permitem ser identificadas como homens, mulheres, heterossexuais ou *gays* por outras pessoas (ou por elas mesmas).

Para Butler, a missão da Teoria *queer* e do ativismo é liberar "as possibilidades performativas para a proliferação de configurações de gênero fora dos moldes restritivos da dominação masculinista e da heterossexualidade compulsória" — o que significa que se reconhecermos o gênero como performativo, será possível ver que ele pode ser desempenhado de maneira que não privilegia o masculino e o heterossexual.

Butler chegou a essa conclusão usando a noção derridiana de *falogocentrismo* — a ideia de que a linguagem que constrói a realidade privilegia o masculino (e o heterossexual) em vez do feminino (e *gay*) — e expandindo o conceito de *heterossexualidade compulsória* de Adrienne Rich — a ideia de que a sociedade enxerga a heterossexualidade como o estado natural do ser e a homossexualidade como uma perversão, e força as pessoas a obedecer, "fazendo heterossexualmente". Butler não estava otimista acerca da nossa capacidade de destruir esses discursos dominantes: podemos apenas perturbá-los e rompê-los, criando espaço para aqueles que não se encaixam.

Como solução, Butler propôs *a política da paródia*, uma "reorganização subversiva e paródica do poder". Essa abordagem tenta virar de cabeça para baixo os padrões de performatividade de gênero — sobretudo o falogocentrismo e a heterossexualidade compulsória — fazendo troça deles. Isso é muitas vezes obtido por meio do "*genderfucking*", que o *Wiktionary* define como "a iniciativa consciente para subverter as noções tradicionais de identidade de gênero e papéis de gênero" mediante o emprego da estética *drag*, por assim dizer, ou da estética "*queer-camp*", ou, em geral (e ironicamente), pelo envolvimento em *performances* desavergonhadas que "transgridem o gênero".

O objetivo dessa paródia é tornar as pessoas conscientes da performatividade e percebê-la como a ilusão socialmente construída, arbitrária e opressora que é. A questão é alcançar a libertação dessas categorias e das expectativas que vêm com elas. Se categorias rígidas de sexo, gênero e sexualidade podem se tornar ridículas, então elas serão menos significativas.

Contudo, Butler foi além do gênero e até questionou se o sexo biológico possui alguma base na realidade. Em *Problemas de gênero*, ela escreve:

> Se o caráter imutável do sexo for contestado, talvez esse constructo chamado "sexo" seja tão culturalmente construído quanto o gênero; na verdade, talvez já tenha sido sempre gênero, com a consequência de que a distinção entre sexo e gênero acaba por não ser distinção nenhuma.

Para ela, a própria existência de categorias estáveis como "mulher" remete a discursos totalitários e opressores. Ela descreve como um tipo de violência o ato de colocar as pessoas em uma categoria, tal como um gênero, que elas acham que não as descreve de maneira adequada ou precisa. Para Butler, o ativismo e o estudo acadêmico devem romper esses discursos para minimizar essa "violência" de ser categorizada.

O foco em destruir categorias agindo como se elas não correspondessem à realidade física também é fundamental para a obra de Eve Kosofsky Sedgwick. Em última análise, as suas contribuições para a Teoria consistem em resistir à tentação de resolver contradições, encontrando valor na *pluralidade* — aceitando diversas perspectivas ao mesmo tempo, até quando se contradizem — e na *incoerência* — sem tentar dar sentido racional a nada. Em consonância com a mentalidade do pós-modernismo aplicado, ela considera esses valores úteis para o ativismo. Sedgwick escreve:

> Em consonância com a minha ênfase nas relações performativas de definição dupla e conflitante, a prescrição teorizada para uma política prática implícita nessas leituras é por um movimento multifacetado cujos impulsos idealistas e materialistas, cujas estratégias de modelo minoritário e de modelo universalista e, quanto a isso, cujas análises separatistas e integrativas de gênero ocorreriam em paralelo da mesma forma, sem nenhum prêmio elevado colocado na racionalização ideológica entre eles.

Nesse caso, Sedgwick está dizendo que um movimento produtivo poderia incorporar todas as ideias encontradas no estudo acadêmico e no ativismo LGBT — até mesmo abordagens contraditórias — sem a necessidade de resolver diferenças ideológicas. Ela sustenta que as próprias contradições podem ser politicamente valiosas, em parte porque tornariam o pensamento por trás do ativismo muito difícil de entender e criticar. É claro que isso é muito *queer*.

Essas ideias estão mais proeminentes no livro de Sedgwick *The Epistemology of the Closet* [*Epistemologia do armário*], de 1990, no qual desenvolveu a ideia de Foucault de que a sexualidade é um constructo social feito por discursos científicos, sobretudo aqueles criados por autoridades médicas, que classificaram a homossexualidade como um transtorno de personalidade. Porém, Sedgwick inverteu a crença de Foucault de que os discursos dominantes criavam homossexualidade e heterossexualidade. Ela sustenta que é o binário de homossexualidade e heterossexualidade que nos deu o pensamento binário — as pessoas são *gays*

(IN)JUSTIÇA SOCIAL

ou heterossexuais, homens *ou* mulheres, masculinas *ou* femininas, em vez de possivelmente estarem no meio ou serem ambos.

Para Sedgwick, os binários sexuais são subjacentes a todos os binários sociais. Ela afirma que entender as complexidades fluidas da sexualidade é a chave para desfazer muitas formas de pensamentos tidos como verdadeiros na sociedade. O seu simbolismo do armário se baseia nessa ideia de binários falsos: você nunca está totalmente dentro ou fora do armário. Segundo Sedgwick, o armário simboliza ocupar realidades contraditórias simultaneamente, mesmo em áreas não relacionadas à sexualidade. Adotar isso é fundamental para a abordagem dela da Teoria *queer* e é aí que vemos o início da expansão do *queer* para questões fora da sexualidade, como o uso de "*queer*" como verbo.

Por ter adotado uma abordagem pós-moderna, Sedgwick identificou a linguagem — especificamente, "atos de fala" — como a maneira pela qual esses binários injustos e "o armário" são construídos e mantidos. Ela viu a sua abordagem Teórica como uma revelação libertadora. Sedgwick observa:

> Uma suposição subjacente ao livro é que as relações do armário — as relações do conhecido e do desconhecido, o explícito e o não explícito em torno da definição homo/heterossexual — têm o potencial de serem peculiarmente reveladoras, de fato, sobre atos de fala de modo mais geral.

Sedgwick nota que a homossexualidade é considerada inferior à heterossexualidade, mas que o termo "heterossexualidade" não existiria sem a categoria de homossexualidade. O conceito de heterossexualidade depende da existência (e do *status* inferior) da homossexualidade. Essa observação destina-se a desconstruir a relação de poder entre os dois e a desconstruir a própria heteronormatividade.

De acordo com Sedgwick, visualizar binários como esse é uma maneira de quebrar conceitos de superioridade e inferioridade. Isso a leva a destacar e a explorar o que ela enxerga como a tensão que surge de sustentar duas visões aparentemente contraditórias ao mesmo tempo. Na sexualidade, para Sedgwick, essas visões são a "visão minorizante" e a "visão universalizante".

Na *visão minorizante*, a homossexualidade é vista como a minoria, enquanto a heterossexualidade é a maioria. Na *visão universalizante*, a sexualidade é considerada um espectro em que todos têm um lugar. Em outras palavras, todo o mundo é um pouco (ou muito) *gay*, embora também seja um pouco (ou muito) heterossexual. Isso parece contraditório, mas Sedgwick acredita que a contradição em si é útil. Endossar dois modelos contraditórios de sexualidade ao mesmo tempo pode nos ajudar a aceitar a complexidade e a mutabilidade da sexualidade.

Vemos aqui, mais uma vez, a rejeição da verdade objetiva e das categorias concretas, assim como a ideia de que a fluidez é libertadora e politicamente necessária. Os Teóricos *queer* podem expandir esse pensamento para abranger quase tudo e, com isso, "*queering*" o tópico.

Os princípios e os temas pós-modernos na Teoria *queer*

A Teoria *queer* é uma das formas mais explicitamente pós-modernas da Teoria nos estudos identitários atuais e deve muitos dos seus conceitos fundamentais a Foucault. O princípio do conhecimento pós-moderno, em que a realidade objetiva é negada ou ignorada, e o princípio político pós-moderno, que insiste que a sociedade é estruturada em sistemas de poder e privilégio que determinam o que é entendido como conhecimento, estão na linha de frente da Teoria *queer*. São mais evidentes na crença de que a ciência é uma disciplina opressora, que impõe conformidade de gênero e heterossexualidade ao estabelecer categorias e ao asseverar as suas verdades com autoridade rigorosa e pressão social.

Entre os quatro temas pós-modernos, a indefinição de fronteiras e o intenso foco na linguagem (discursos) são absolutamente centrais para a Teoria *queer*. Esses são os dois temas mais hostis ao conceito de uma realidade estável. A indefinição de fronteiras é a forma preferida de ativismo político ("*queering*") da Teoria *queer*. O foco na linguagem leva a uma obsessão com as maneiras pelas quais se fala de sexo, gênero e sexualidade e, portanto, a recente proliferação de termos para descrever diferenças sutis na identidade de gênero e sexualidade — como demissexual, assexual e cinzassexual, que descrevem coisas muito semelhantes. A Teoria *queer* enxerga a sexualidade como algo extremamente fluido e mutável, que demanda uma sensibilidade extrema de linguagem. Por sua vez, isso leva a uma tendência de transformar *o que as pessoas fazem* em *quem as pessoas são* dentro da Teoria *queer*. Por exemplo, diversos estilos românticos ou até fetiches ou perversões são transformados em *identidades*, que são indicativas de quem as pessoas "realmente são" sob esse modo de pensar. Isso tem o efeito de impossibilitar o questionamento ou a crítica aos comportamentos dos indivíduos — mesmo aqueles que podem ser prejudiciais — sem potencialmente ofendê-los como pessoas ou "negar-lhes o direito de existir".

(IN)JUSTIÇA SOCIAL

Os outros dois dos quatro temas também aparecem na Teoria *queer*, mas menos abertamente. O tema do relativismo cultural está implícito — a Teoria *queer* assume que os entendimentos de gênero e a sexualidade sempre são constructos culturais. Ela compartilha isso com a Teoria pós-colonial: os Teóricos *queer* costumam usar a Teoria pós-colonial e vice-versa. Existem diferenças significativas entre os dois grupos e os seus objetivos, mas essas duas Teorias se baseiam uma na outra porque os seus métodos são bastante influenciados por Foucault e Derrida. A perda do individual e do universal também está presente: o *self* generificado e sexual do indivíduo é considerado construído por discursos de poder que ele não consegue deixar de aprender e só conseguem subverter.

Por causa do seu foco na desconstrução e da sua ideia de conhecimento como um constructo de poder, a Teoria *queer* pode ser a forma mais pura de pós-modernismo aplicado. Ela constitui a base de muito ativismo trans e aparece em várias formas de estudos acadêmicos referentes à Justiça Social Crítica. Embora o termo "interseccionalidade" esteja mais associado à Teórica crítica da raça Kimberlé Crenshaw, Judith Butler também falou de "intersecções" com outras formas de identidade marginalizada. Para ela, "o gênero possui intersecções com modalidades raciais, de classe, étnicas, sexuais e regionais de identidades discursivamente constituídas". A Teoria *queer* butleriana se integra facilmente no pensamento interseccional, e as feministas interseccionais também tendem a incluir a Teoria *queer* no seu trabalho.

Contudo, a Teoria *queer* é fundamentalmente diferente do feminismo liberal e do ativismo LGBT que a precederam. O sucesso das abordagens liberais universais para libertar as minorias sexuais e as pessoas que não se conformam com o gênero nega a alegação da Teoria *queer* de que as suas abordagens são o único caminho. O ativismo e o pensamento liberal pré-Teoria se concentraram na mudança de atitudes preconceituosas, apelando para a nossa humanidade comum e para os princípios liberais universais. O ativismo *trans* também poderia se beneficiar com isso se a Teoria *queer* não estivesse procurando ativamente subverter o liberalismo universal.

Em vez disso, a Teoria *queer* tem por objetivo modificar ou desfazer os nossos conceitos de sexo, gênero e sexualidade, o que aliena a maioria dos membros da sociedade que ela deseja mudar. Os ativistas *queer* que recorrem à Teoria *queer* tendem a agir com direitos e agressões surpreendentes, ridicularizando as sexualidades e os gêneros convencionais e os retratando como retrógrados. Em geral, as pessoas não gostam de ouvir que o seu sexo, gênero e sexualidade não são reais, estão errados ou são ruins — seria de imaginar que os Teóricos *queer* avaliassem isso melhor do que ninguém.

Chamar a heterossexualidade de um constructo social ignora completamente a realidade de que os seres humanos são uma espécie que se reproduz sexualmente, e chamar a homossexualidade de um constructo social despreza todas as evidências de que também é uma realidade biológica. Apesar de qualquer "libertação" que possamos alcançar tratando todas as sexualidades como constructos sociais, isso ameaça anular o progresso feito por ativistas lésbicas e *gays* em contestar a crença de que as suas atrações românticas e sexuais são mera "escolha de estilo de vida". Embora a homossexualidade seja um estilo de vida aceitável de escolha, todas as evidências — e o testemunho esmagador de *gays* e lésbicas — indicam que não é uma opção. Se cedermos aos que dizem que é, vamos correr o risco de opressão futura das pessoas LGBT por conservadores sociais, que podem exigir que eles simplesmente "escolham" a heterossexualidade.

Ser desdenhoso, irônico, anticientífico e incompreensível intencionalmente não contribui para um ativismo muito produtivo. Aqueles que desejam que o seu sexo, gênero ou sexualidade seja aceito como normal não querem ouvir continuamente que é problemático considerar as coisas normais. Portanto, embora a Teoria *queer* alegue defender *gays*, lésbicas, bissexuais e transgêneros, a maioria das pessoas LGBT não está familiarizada com ela, nem a apoia.

À medida que a Teoria continua a se declarar como a única forma legítima de estudar ou discutir tópicos de gênero, sexo e sexualidade, também prejudica as causas que mais deseja apoiar.

CAPÍTULO 5

Teoria crítica da raça e interseccionalidade

ACABANDO COM O RACISMO AO VÊ-LO EM TODOS OS LUGARES, SEMPRE

A Teoria crítica da raça é tão norte-americana quanto a torta de maçã ou o beisebol. As suas ideias também foram usadas fora dos Estados Unidos, mas mesmo assim costumam ser condimentadas com a história racial única norte-americana.

A Teoria crítica da raça afirma que a raça é um constructo social criado para manter o privilégio branco e a supremacia branca. Essa ideia se originou muito antes do pós-modernismo. No início do século xx, o sociólogo, historiador e autor afro-americano W. E. B. Du Bois sustentou que a ideia de raça biológica era usada para explicar diferenças sociais e culturais a fim de perpetuar o tratamento injusto de minorias raciais, sobretudo afro-americanas.

Isso é verdade. Existem algumas diferenças típicas nas populações humanas, como cor de pele, textura do cabelo, formato dos olhos e suscetibilidade relativa a certas doenças, mas essas diferenças não são grandes o suficiente para dividir as pessoas em grupos chamados de "raças". Os biólogos não fazem isso. Eles falam de populações, cujos marcadores genéticos mostram heranças evolucionárias um pouco diferentes, mas reduzir isso a "raça" é errado e prejudicial.

As categorias raciais sobre as quais costumamos ouvir não são mapeadas em linhagens genéticas precisas. A nossa ideia contemporânea de raça também não se sustenta historicamente. A "raça" não foi considerada significativa em períodos anteriores. A Bíblia, por exemplo, que foi escrita há mais de dois mil anos na região do Mediterrâneo, onde viviam negros, pardos e brancos, está repleta de tribalismo moralista, mas quase não faz menção à cor da pele. Na Inglaterra do final da Idade Média, as referências a pessoas "negras" costumavam simplesmente significar europeus de cabelos escuros, que consideraríamos como "brancos".

TEORIA CRÍTICA DA RAÇA E INTERSECCIONALIDADE

Raça e racismo como os entendemos hoje foram provavelmente construídos socialmente pelos europeus para justificar moralmente o colonialismo europeu e o tráfico de escravos no Atlântico. Os historiadores europeus rastrearam a ascensão do preconceito baseado na cor no período inicial da Idade Moderna, de 1500 a 1800, aproximadamente, e descobriram que o preconceito religioso deu lugar ao preconceito com base na raça ao longo do século XVII.

Para justificar o sequestro, a exploração e os abusos dentro da escravidão e do colonialismo, as suas vítimas tinham que ser consideradas inferiores ou sub--humanas. Outros povos, em outras épocas, praticaram a escravidão, o colonialismo e até o imperialismo genocida, e também justificaram essas atrocidades caracterizando aqueles que escravizaram e conquistaram como inferiores, usando características como cor de pele, cabelo e olhos, coisas que associamos à raça atualmente. Na Europa e nas suas colônias, porém, algumas diferenças básicas levaram a uma discriminação e desumanização únicas.

Até o século XVI, os europeus não consideravam como herdadas as características raciais. Antes disso, pressupunham que coisas como cor da pele eram determinadas pelo ambiente. A "raça", como categoria herdada, era construída por formas emergentes de estudo acadêmico no que hoje chamamos de ciências sociais e ciências naturais, embora elas ainda não tivessem se separado nas disciplinas que agora chamamos de "antropologia", "sociologia" e "biologia", e ainda não tivessem constituído métodos de pesquisa rigorosos e baseados em evidências. Resultados muito preliminares da ciência foram mal aplicados e categorias (biológicas) extremamente simplificadas surgiram — ser negro ("negritude") e ser branco ("branquitude") —, às quais juízos de valor logo foram anexados.

Então, tem início o racismo como o entendemos hoje em dia, que derivou desse *racismo biológico* de séculos anteriores e faz julgamentos preconceituosos acerca das pessoas com base no fato de serem classificadas nessas categorias raciais grosseiras, independentemente de quem sejam como indivíduos.

Os primeiros que desafiaram o racismo foram ex-escravos norte-americanos, incluindo Sojourner Truth e Frederick Douglass, no século XIX. Posteriormente, no século XX, críticos raciais influentes como W. E. B. Du Bois e Winthrop Jordan apresentaram a história do racismo com base na cor nos Estados Unidos.

O trabalho desses estudiosos e reformadores deveria ter sido suficiente para desmascarar o racismo pela ideologia vergonhosa e infundada que é, mas a crença na supremacia racial dos brancos sobreviveu. Essa foi especialmente extrema e duradoura no sul dos Estados Unidos, onde a escravidão perdurou como parte

(IN)JUSTIÇA SOCIAL

essencial da economia e da sociedade até a emancipação dos escravos por Abraham Lincoln em 1863. Em última análise, esse ato levou à abolição formal da escravidão com a ratificação da Décima Terceira Emenda da Constituição norte-americana em 1865.

As leis de Jim Crow (leis estaduais e locais que impunham a segregação racial), as linhas divisórias raciais (práticas discriminatórias legais, sobretudo aquelas que impediam os negros de viver em certos bairros) e a segregação legal sobreviveram por mais tempo, perdurando até meados da década de 1960 e, de certa forma, além disso. Mesmo após as conquistas do Movimento pelos Direitos Civis sob Martin Luther King Jr., quando a discriminação racial se tornou ilegal e as atitudes em relação à raça mudaram bem rápido em termos históricos, essas narrativas de longa data não desapareceram.

A Teoria crítica da raça foi, de acordo com os seus Teóricos, concebida para identificar, destacar e abordar essas narrativas. No entanto, ela faz isso de forma muito específica e não é a única maneira de desafiar o racismo persistente.

Assumindo uma abordagem crítica

Formalmente, a Teoria crítica da raça surgiu na década de 1970, por meio do estudo crítico do direito no que concerne às questões raciais. Nesse caso, a palavra *crítica* significa que é especificamente direcionada para identificar e expor os problemas a fim de promover a mudança política revolucionária. Apesar das mudanças legais que enfrentaram a discriminação racial, muitos ativistas sentiram a necessidade de continuar a trabalhar contra o racismo que restou, o que era menos evidente. Para conseguir isso, adotaram abordagens da Teoria crítica e, mais à frente, da Teoria pós-moderna.

A abordagem crítica da raça sempre foi dividida em pelo menos duas partes, a "materialista" e a "interseccional", que é mais pós-moderna e busca uma síntese entre materialismo e idealismo. Os críticos materialistas da raça teorizam acerca de como os sistemas materiais — econômico, jurídico e político — afetam as minorias raciais. Os idealistas se concentram em como as ideias e concepções vão moldando a sociedade e as pessoas que vivem nela. Os Teóricos interseccionais estão mais preocupados com os sistemas linguístico e social e, portanto, visam desconstruir discursos, detectar vieses implícitos e contestar suposições e atitudes raciais subjacentes. Eles consideram que esses sistemas e estruturas têm

TEORIA CRÍTICA DA RAÇA E INTERSECCIONALIDADE

impactos materiais e psicológicos significativos o suficiente para determinar os resultados de uma vida, a despeito das caraterísticas individuais, como competência, valores e caráter.

Por causa dessas diferenças de abordagem, alguns materialistas criticaram os idealistas e os interseccionalistas pelas suas análises de discurso obscuras, que costumam ocorrer em ambientes acadêmicos de elite e desprezam questões materiais generalizadas, sobretudo a pobreza. Os idealistas e os interseccionalistas reagiram, afirmando que, embora a realidade material seja de importância prática, ela não pode ser melhorada se os discursos continuarem a oprimir. Todas as três abordagens — materialista, idealista e Teórica interseccional crítica da raça (pós-moderna) — reagem contra o liberalismo.

Derrick Bell, primeiro professor titular afro-americano na Harvard Law School, é frequentemente considerado o fundador da Teoria crítica da raça, embora ele não a tenha nomeado. O nome da Teoria veio depois (em 1989, na verdade) com a inserção de "raça" na área de especialidade de Bell — estudos críticos jurídicos — e em uma crítica mais ampla da Teoria Crítica da sociedade. Embora os estudos críticos jurídicos se baseiem no marxismo, na Teoria Crítica e até mesmo em pós-modernos como Jacques Derrida, Bell era um materialista em grande medida, talvez mais conhecido por aplicar métodos críticos aos direitos civis e aos discursos que os cercavam. Bell foi um franco defensor do revisionismo histórico, sendo mais conhecido pela sua tese de "convergência de interesses", descrita no seu livro *Race, Racism, and American Law*, de 1970.

A convergência de interesses afirma que os brancos concederam direitos aos negros apenas quando era do seu interesse fazê-lo — uma visão sombria que nega o progresso moral desde a era Jim Crow. Bell afirma isso explicitamente no seu livro *And We Are Not Saved: The Elusive Quest for Racial Justice*, de 1987: "O progresso nas relações raciais norte-americanas é em grande parte uma miragem que obscurece o fato de que os brancos continuam, consciente ou inconscientemente, a fazer tudo ao seu alcance para assegurar o seu domínio e manter o seu controle".

A obra de Bell está repleta desse pessimismo. Por acreditar em um sistema generalizado e irreparável de dominação branca na sociedade norte-americana (o subtítulo do seu livro *Faces at the Bottom of the Well*, de 1992, é "A permanência do racismo"), ele sustentou que as novas mudanças nos direitos civis levaram a um novo conjunto de circunstâncias em que a supremacia branca continuaria a oprimir os negros, tal como a fuga dos brancos, em que os brancos se mudam de bairros urbanos com grandes populações minoritárias para os subúrbios

(IN)JUSTIÇA SOCIAL

(muito brancos). Para Bell, as condições racistas não melhoram; elas se escondem melhor. A Teoria crítica da raça é a ferramenta que foi desenvolvida para encontrar esse racismo "oculto" que o pessimismo de Bell presumiu que deve existir em praticamente todas as situações.

Claro que os materialistas tinham razão em algumas coisas: a igualdade jurídica entre raças não é suficiente para solucionar todas as desigualdades. Ainda há trabalho a ser feito não só na esfera jurídica, mas também nas esferas política e econômica para enfrentar os desequilíbrios: financiamento desigual para escolas em áreas majoritariamente negras, condenações mais duras para criminosos negros, disparidades em habitação e empréstimos para negros, e diferenças nas representações de negros em empregos de alto prestígio. Tudo isso deve ser feito com o objetivo de saber como essas disparidades acontecem. Nesse sentido, a obra de Bell (sobretudo a sua obra inicial) costuma ser perspicaz, apesar do seu caráter pessimista e cínico.

Por outro lado, há muito o que criticar no que se refere aos materialistas. Frequentemente, eles defendem o nacionalismo negro e a segregação, em vez dos direitos humanos universais e da cooperação. As suas análises supostamente baseadas em evidências da realidade material, que em geral consideram que o racismo e a discriminação não estão diminuindo, podem parecer uma escolha seletiva e uma generalização a partir dos piores exemplos. A enfática defesa da expansão dos programas de discriminação positiva, como a ação afirmativa, costuma ser vista pelos críticos como desagregadora, contraproducente e uma forma de intolerância que mantém as minorias raciais com baixa autoestima e incapazes de competir pelos seus méritos individuais.

Os materialistas dominaram o movimento crítico da raça durante as décadas de 1970 e 1980, mas a partir da década de 1990 os interseccionistas se tornaram cada vez mais dominantes, incorporando quantidades significativas de pós-modernismo ao que era então reconhecido como Teoria crítica da raça. Com o tempo, os pós-modernos passaram a se concentrar em microagressões, discursos de ódio, espaços seguros, apropriação cultural, testes de associação implícita, representação na mídia, "branquitude" e todos os termos agora familiares do discurso racial.

Vários Teóricos críticos que ganharam destaque no final da década de 1980 e durante a década de 1990 — e que fomentaram o pensamento feminista negro radical — foram responsáveis por essa mudança. Entre essas acadêmicas, incluem-se bell hooks (cujo nome é escrito intencionalmente com todas as letras minúsculas), Audre Lorde e Patricia Hill Collins. Elas obscureceram as fronteiras de diferentes disciplinas, discutindo apaixonadamente sobre o patriarcado e a supremacia branca de maneira que misturavam a análise jurídica com abordagens sociológicas, literárias e autobiográficas.

De forma significativa, elas reclamaram da "branquitude" do feminismo, preparando o terreno para outra onda de Teóricas influentes: Patricia Williams, Angela Harris e Kimberlé Crenshaw — aluna de bell, que criou o termo "Teoria crítica da raça" no primeiro encontro oficial de Teóricos críticos da raça em Madison, Wisconsin, em 1989. Essas acadêmicas se basearam na Teoria crítica da raça e no feminismo, que incluía ideias sobre gênero e sexualidade. Isso produziu uma análise sofisticada e sobreposta de identidade e experiência, que incluiu fatores sociais, jurídicos e econômicos. Ao analisar múltiplos sistemas de poder e privilégio e ver a experiência como uma fonte de conhecimento acerca desses sistemas, elas se afastaram do estudo das realidades materiais do racismo, sobretudo a pobreza, e se concentraram na análise dos discursos e do poder.

A Teoria crítica da raça também começou a se inclinar significativamente para a política identitária e para a teoria do ponto de vista — a ideia de que a identidade e a posição na sociedade, em particular se a pessoa pertencer a uma minoria, podem tornar o seu ponto de vista mais legítimo do que os pontos de vista dos outros. Essa ideia é central para a Teoria crítica da raça. Ela aparece nas primeiras linhas de *The Alchemy of Race and Rights* (1991), livro de ensaios de Patricia J. Williams, professora de direito comercial: "A posição do sujeito é tudo na minha análise do direito". Em outras palavras, a raça e outros fatores baseados em identidade devem ser considerados *tudo* para a sua posição perante a lei, mesmo em uma sociedade com igualdade jurídica na qual diversas Leis de Direitos Civis já foram aprovadas pelo Congresso norte-americano, incluindo, talvez mais notavelmente, a Lei dos Direitos Civis de 1964, um marco legislativo que proíbe explicitamente a discriminação com base em raça, cor, religião, sexo ou nacionalidade.

Algo inusitado para a Teoria, os textos da Teoria crítica da raça são bastante legíveis. A frustrante linguagem pós-moderna das Teorias pós-colonial e *queer* está praticamente ausente — provavelmente porque a Teoria crítica da raça surgiu dos estudos jurídicos. Ela ainda acredita na importância do discurso na construção da realidade social, mas não costuma se prender a jogos de palavras intermináveis. É fácil compreender os pressupostos da Teoria crítica da raça — aliás, os seus Teóricos gostam de listá-los. Por exemplo, *Teoria crítica da raça: uma introdução*, livro muito influente de Richard Delgado e Jean Stefancic, de 2001, expõe os pressupostos básicos:

(IN)JUSTIÇA SOCIAL

- "O racismo é normal, e não anormal." Ou seja, é a experiência cotidiana dos não brancos nos Estados Unidos.
- "Um sistema de ascendência do branco sobre o não branco serve a fins importantes, tanto psíquicos quanto materiais, para o grupo dominante." Ou seja, a supremacia branca é sistêmica e beneficia os brancos. Portanto, as políticas "daltônicas" podem enfrentar apenas as formas de discriminação mais flagrantes e demonstráveis.
- "A tese da 'construção social' sustenta que raça e raças são produtos do pensamento e das relações sociais." A interseccionalidade e o antiessencialismo — oposição à ideia de diferença racial como inata — são necessários para lidar com isso.
- Existe uma "única voz de pessoas de cor", e o *status* de minoria (...) acarreta uma competência presumida de falar sobre raça e racismo". Isso não é entendido como essencialismo, mas como produto de experiências comuns de opressão. Em outras palavras, essa é a teoria do ponto de vista.

Esses pressupostos básicos descrevem claramente o que está acontecendo na Teoria crítica da raça — o racismo está presente em toda parte e sempre, e age persistentemente contra os não brancos, que têm consciência disso, e em benefício dos brancos, que tendem a não ter essa consciência, por causa do seu privilégio. Outros Teóricos e educadores incluem uma desconfiança fundamental em relação ao liberalismo, uma rejeição da meritocracia e um compromisso em favor da Justiça Social Crítica.

A disseminação da Teoria crítica da raça

A Teoria crítica da raça se expandiu a partir dos estudos jurídicos e alcançou diversas disciplinas preocupadas com a Justiça Social. Em particular, a pedagogia (a teoria da educação) foi bastante afetada. Como Delgado e Stefancic observam em *Critical Race Theory: An Introduction* [*Teoria crítica da raça: uma introdução*]:

> Embora a TCR [Teoria crítica da raça] tenha começado como um movimento no direito, rapidamente se disseminou para além dessa disciplina. Atualmente, muitos acadêmicos da área da educação se consideram teóricos críticos da raça que utilizam as ideias da TCR

TEORIA CRÍTICA DA RAÇA E INTERSECCIONALIDADE

para entender questões de disciplina e hierarquia escolar, monitoramento, ação afirmativa, testes de alto risco, controvérsias sobre currículo e história, educação bilíngue e multicultural, e escolas alternativas e independentes.

Eles especificam os pontos de apoio mais fortes da Teoria crítica da raça: ciência política, estudos sobre as mulheres, estudos étnicos, estudos norte-americanos, sociologia, teologia, saúde pública e filosofia. E ainda observam como a Teoria crítica da raça assume uma postura desbragadamente ativista:

> Ao contrário de algumas disciplinas acadêmicas, a teoria crítica da raça contém uma dimensão ativista. Ela tenta não só compreender a nossa situação social, mas também mudá-la, não se limitando a verificar como a sociedade se organiza ao longo de linhas e hierarquias sociais, e transformá-la para melhor.

Em consequência, ativistas de todas as esferas da vida falam a linguagem da Teoria crítica da raça. Porém, quando ouvimos essa linguagem, podemos sair pensando que a própria Teoria crítica da raça soa um pouco racista. Aqui estão algumas linhas de pensamento comuns na Teoria crítica da raça:

- Os brancos são basicamente racistas.
- Racismo é "preconceito mais poder" e, portanto, apenas brancos podem ser racistas porque detêm todo o poder institucional.
- Apenas não brancos podem falar a respeito de racismo — os brancos precisam ouvir.
- Ser "daltônico" é, na verdade, racista, porque ignora o racismo generalizado que domina a sociedade e perpetua o privilégio branco.
- O racismo está incorporado na cultura e não podemos escapar dele.
- Embora esses mantras possam ser encontrados *on-line* ou na mídia — incluindo aqueles mantras que atribuem falhas profundas de moral e caráter aos brancos —, eles são especialmente preponderantes nos *campi* universitários. A Teoria crítica da raça se tornou uma parte importante da cultura do *campus* em diversas universidades, sobretudo nas instituições de elite. A interseccionalidade é fundamental para essa cultura e também ganhou vida própria fora dela.

(IN)JUSTIÇA SOCIAL

Apesar do seu foco em discursos, atitudes e vieses, alguns acadêmicos têm duvidado de que a Teoria crítica da raça seja pós-moderna. Uma objeção comum é que o pós-modernismo rejeita tipicamente o significado compartilhado e a identidade estável (ou subjetividade). A política identitária não faz muito sentido de uma perspectiva pós-moderna estrita.

Os críticos que defendem essa tese têm razão, mas, no final da década de 1980 e no início da década de 1990, os Teóricos críticos da raça adotaram algumas ideias básicas da fase desconstrutiva do pós-modernismo (que Kimberlé Crenshaw chamou de abordagem "construcionista vulgar" no seu influente ensaio "Mapping the Margins") e as adaptaram a um novo projeto politicamente aplicável, ainda que esses mesmos Teóricos rejeitassem a desconstrução sem fim como um sintoma do privilégio de filósofos brancos como Foucault e Derrida. A acadêmica e ativista feminista negra bell hooks, por exemplo, escreveu na década de 1980 que esses pós-modernos originais, que queriam se livrar da subjetividade e das vozes coerentes, ou de um senso de significado compartilhado e identidade estável, eram homens brancos e ricos, cujas identidades e vozes eram dominantes na sociedade.

Em 1990, no seu influente ensaio "Race and Essentialism in Feminist Legal Theory", Angela Harris também sustenta que o feminismo falhou em relação às mulheres negras ao tratar as suas experiências simplesmente como uma variação das experiências das mulheres brancas. Essas ideias se desenvolveram em uma linha de pensamento básica da Teoria crítica da raça chamada de *interseccionalidade*.

Interseccionalidade

A interseccionalidade começou como uma heurística — uma ferramenta que permite que alguém descubra algo por si mesmo. A sua criadora, Kimberlé Crenshaw, agora a descreve como uma "prática".

Em 1989, ela apresentou pela primeira vez a interseccionalidade em um polêmico artigo acadêmico de direito intitulado "Demarginalizing the Intersection of Race and Sex: A Black Feminist Critique of Antidiscrimination Doctrine, Feminist Theory and Antiracist Politics". Nele, Crenshaw examina três casos de discriminação legal e utiliza a metáfora de um cruzamento de trânsito para analisar as maneiras pelas quais diferentes formas de preconceito podem "atingir" um indivíduo com duas ou mais identidades marginalizadas.

TEORIA CRÍTICA DA RAÇA E INTERSECCIONALIDADE

Crenshaw sustenta que, assim como alguém parado no cruzamento de duas ruas pode ser atropelado por um carro vindo de qualquer direção ou até por mais de um ao mesmo tempo, uma pessoa marginalizada pode ser incapaz de dizer qual das suas identidades está sendo discriminada em qualquer caso. De maneira persuasiva, ela afirma que a legislação para impedir a discriminação com base na raça *ou* no gênero é insuficiente para lidar com esse problema ou com o fato de que uma mulher negra, por exemplo, pode experimentar formas únicas de discriminação que nem mulheres brancas nem homens negros enfrentam.

Essa ideia estava prestes a mudar o mundo. Dois anos depois, em 1991, Crenshaw a aprofundou ainda mais no seu ensaio muito influente "Mapping the Margins: Intersectionality, Identity Politics, and Violence against Women of Color", em que ela define a interseccionalidade como um "conceito provisório que liga a política contemporânea à teoria pós-moderna". Para Crenshaw, a abordagem pós-moderna de interseccionalidade permitiu que a Teoria crítica da raça e o feminismo incorporassem o ativismo político, embora continuasse considerando os constructos culturais de raça e gênero.

Essa abordagem permitiu que cada vez mais categorias de identidade marginalizada fossem consideradas na análise interseccional — sexualidade, identidade de gênero, *status* de deficiência etc. —, adicionando camadas e mais camadas ao conceito, ao estudo acadêmico e ao ativismo que a utilizam. Essa complexidade incitou duas décadas de novas atividades para acadêmicos e ativistas. "Mapping the Margins" abriu o caminho, defendendo abertamente a política identitária em vez do universalismo liberal, que se concentra em tratar as pessoas de maneira igualitária, independentemente da identidade.

A política identitária enfatiza a importância das categorias identitárias como fontes de empoderamento e comunidade. Rejeitando explicitamente a ideia de humanidade universal compartilhada, Crenshaw escreve:

> Todos nós podemos reconhecer a distinção entre as afirmações "Eu sou negro" e a afirmação "Eu sou uma pessoa que por acaso é negra". "Eu sou negro" assume a identidade socialmente imposta e empodera isso como uma âncora de subjetividade. "Eu sou negro" se torna não apenas uma declaração de resistência, mas também um discurso positivo de autoidentificação, intimamente ligado a declarações enaltecedoras como a nacionalista negra *Black is beautiful*". Por outro lado, "Eu sou uma pessoa que por acaso é negra" alcança a autoidentificação ao se

(IN)JUSTIÇA SOCIAL

esforçar por certa universalidade (de fato, "Eu sou primeiro uma pessoa") e por uma rejeição concomitante da categoria imposta ("negra") como contingente, circunstancial, não determinante.

Por causa desse foco no significado social de raça e gênero, "Mapping the Margins" é central para a Justiça Social Crítica hoje. O ensaio se baseia no construtivismo cultural pós-moderno, embora continue considerando a opressão objetivamente real e defendendo objetivos políticos acionáveis. É o exemplo mais claro e clássico de como o pós-modernismo aplicado surgiu e evoluiu no final da década de 1980 e no início da década de 1990. A característica central dessa evolução é que ela adota a visão de que é inapropriado, se não impossível, desconstruir categorias identitárias que são consideradas na Teoria como locais de opressão sistêmica.

Interseccionalidade e a virada para o pós-modernismo aplicado

Em "Mapping the Margins", Crenshaw critica tanto os pontos de vista liberais universais quanto os pós-modernos altamente desconstrutivos.

O liberalismo procura remover as expectativas sociais das categorias identitárias — a expectativa de negros realizando trabalhos braçais, a expectativa de mulheres priorizando as funções domésticas e parentais em vez de carreiras profissionais, e assim por diante — e torna todos os direitos, liberdades e oportunidades disponíveis para todas as pessoas, *independentemente* das suas identidades. Existe um forte foco no individual e as categorias identitárias são menos importantes. Para Crenshaw, isso é inaceitável. Ela escreve:

> Para os afro-americanos, demais não brancos, *gays* e lésbicas, entre outros (...) a política baseada em identidade foi uma fonte de força, comunidade e desenvolvimento intelectual. No entanto, a adoção da política identitária tem estado em tensão com as concepções dominantes de justiça social. Raça, gênero e outras categorias identitárias são mais frequentemente tratadas no discurso liberal dominante como vestígios de vieses ou dominação — isto é, como estruturas intrinsecamente negativas nas quais o poder social atua para excluir

ou marginalizar aqueles que são diferentes. De acordo com esse entendimento, o nosso objetivo libertador deveria ser esvaziar essas categorias de qualquer significado social. Apesar disso, está implícita em certas tendências dos movimentos de libertação racial e feminista, por exemplo, a visão de que o poder social para delinear a diferença não precisa ser o poder da dominação. Em vez disso, pode ser a fonte do empoderamento e da reconstrução social.

Crenshaw está falando de uma mudança importante aqui. No auge da sua fase desconstrutiva, o pós-modernismo ajudou a analisar as estruturas de poder e, no ponto de vista de Crenshaw, a entender de forma proveitosa raça e gênero como constructos sociais. No entanto, o seu ceticismo foi extremo demais para considerar a realidade das estruturas e as categorias sociais, que devem ser reconhecidas se quisermos enfrentar a discriminação. Portanto, ela critica esse aspecto do pós-modernismo radicalmente desconstrutivo, embora insistindo que o princípio político pós-moderno é convincente de outra forma:

> Embora o projeto descritivo do pós-modernismo de questionar as maneiras pelas quais o significado é socialmente construído costume ser válido, essa crítica às vezes interpreta mal o significado da construção social e distorce a sua relevância política. (...) Mas dizer que uma categoria como raça ou gênero é socialmente construída não é o mesmo que afirmar que essa categoria não tem significado no nosso mundo. Pelo contrário, um projeto amplo e contínuo para pessoas subordinadas — e, de fato, um dos projetos para os quais as teorias pós-modernas têm sido muito úteis — está pensando sobre a forma como o poder se agrupou em torno de certas categorias e é exercido contra outras.

Crenshaw propõe uma maneira de pensar que aceita que camadas complexas de discriminação existem objetivamente, assim como categorias de pessoas e sistema de poder — mesmo que tenham sido construídas socialmente. Estas, ela escreve em "Mapping the Margins", são impostas por aqueles com poder sobre grupos oprimidos e não podem ser simplesmente desconstruídas.

Isso é interseccionalidade. Ela abarca explicitamente o princípio político pós-moderno — a crença de que a sociedade consiste de sistemas de poder — e uma

(IN)JUSTIÇA SOCIAL

variante do princípio do conhecimento pós-moderno, que enxerga o conhecimento como estando relacionado à sua posição na sociedade. A interseccionalidade de Crenshaw rejeitou o individualismo em favor da identidade grupal, e as feministas e os Teóricos críticos da raça interseccionais continuam a fazer o mesmo desde então.

Complexa, mas muito simples

Desde a invenção da interseccionalidade, o seu significado e o seu propósito se expandiram muito. A quantidade de grupos identitários que podemos utilizar para dividir as pessoas pode ser quase infinita — mas sob a interseccionalidade, independentemente de quão específicas sejam as suas identidades, eles nunca se tornam indivíduos únicos. Mesmo que uma pessoa seja uma mistura única de identidades marginalizadas, ela é entendida por meio de cada uma e todas essas identidades, e não como um indivíduo.

Além das categorias de raça, sexo, classe, sexualidade, identidade de gênero, religião, *status* imigratório, capacidade física, saúde mental e tamanho corporal, há subcategorias, como tom de pele exato, forma corporal exata e identidade de gênero e sexualidade exatas, cujo número está na casa das centenas. Todas elas devem ser entendidas em relações mútuas, para que cada intersecção possa ser analisada. Isso não é apenas complicado, mas também é completamente subjetivo, porque nem todas as categorias identitárias possuem os mesmos níveis de marginalização ou são comparáveis.

Não há nada complexo acerca da ideia abrangente de interseccionalidade ou das Teorias sobre as quais ela é construída. Ela faz a mesma coisa repetidas vezes: procura os desequilíbrios de poder, a intolerância e os vieses que supõe que estejam presentes e os escolhe. Reduz *tudo* a preconceito. Os resultados díspares entre grupos podem ter uma, e apenas uma, explicação, que é intolerância preconceituosa.

A única questão é como identificá-la.

O sistema de castas da Justiça Social

A interseccionalidade é cheia de divisões e subcategorias, que costumam entrar em conflito umas com as outras. Aqui estão alguns exemplos:

TEORIA CRÍTICA DA RAÇA E INTERSECCIONALIDADE

- Homens brancos *gays* e pessoas de cor não negras são informadas de que precisam reconhecer o seu privilégio em relação a homens *gays* de cor negros.
- Os negros de pele mais clara são informados de que precisam reconhecer o seu privilégio em relação aos negros de pele mais escura.
- Os negros heterossexuais têm sido descritos como "os brancos dos negros".

Também está se tornando mais comum ouvir argumentos de que homens *trans*, embora ainda oprimidos por atitudes contra as pessoas *trans*, agora possuem privilégios masculinos e precisam amplificar as vozes das mulheres *trans*, que são consideradas como duplamente oprimidas, por serem *trans* e mulheres. Homens *gays* e lésbicas podem em breve não se considerar oprimidos, sobretudo se não se sentirem atraídos por homens ou mulheres *trans*, o que é considerado transfóbico. Asiáticos e judeus estão perdendo seus *status* de "marginalizados" devido ao sucesso econômico deles, que é atribuído à sua participação na "branquitude" ou a outros fatores, como interesse próprio e rejeição da solidariedade interseccional. O *queerness* precisa ser descolonizado e as suas origens conceituais em figuras brancas, como Judith Butler, precisam ser "questionadas".

No mundo real, nem sempre é possível respeitar todas as identidades marginalizadas ao mesmo tempo. Peter Tatchell, ativista dos direitos humanos de longa data, foi acusado de racismo quando criticou *rappers* negros que cantavam sobre o assassinato de *gays*. Algo semelhante aconteceu na Colúmbia Britânica, no Canadá, quando esteticistas de minorias étnicas se recusaram a depilar uma mulher *trans*, alegando que a religião e os costumes delas proibiam o contato com a genitália masculina. Nessa situação, não é possível apoiar os direitos das mulheres de minorias e os direitos das mulheres *trans* ao mesmo tempo.

Devido à versatilidade da interseccionalidade, ela é uma ferramenta atraente para aqueles envolvidos em muitas formas de engajamento, incluindo o ativismo jurídico, a análise acadêmica, a ação afirmativa e a teoria educacional. O ativismo dominante também adotou com entusiasmo a interseccionalidade, sobretudo o conceito de *privilégio*, uma ideia que costuma ser usada como uma arma contra aqueles percebidos como poderosos.

(IN)JUSTIÇA SOCIAL

O meme da Justiça Social

No seu livro *Intersectionality: An Intellectual History*, Ange-Marie Hancock descreve a crescente popularidade da interseccionalidade nos âmbitos intelectual e acadêmico. Na cultura popular, Hancock constata, a interseccionalidade costuma ser evocada para *cancelar* pessoas, e figuras públicas tão diversas como Michelle Obama e o grupo feminista Code Pink foram criticadas por não conseguirem "entender e agir de um lugar profundamente ciente da dinâmica multicategoria do poder em jogo".

A interseccionalidade realmente viralizou e assumiu aplicações novas e inesperadas, sobretudo no ativismo. Em 2017, Kimberlé Crenshaw observou que a interseccionalidade havia se expandido para além do pretendido originalmente e se tornado uma maneira de simplesmente descrever como as questões identitárias podem ser complicadas, em vez de uma ferramenta para aliviar a opressão real. No entanto, ela não parou de defendê-la.

Além da sua abordagem Teórica confusa e bastante interpretativa, a interseccionalidade, junto à Teoria crítica da raça em termos mais gerais, caracteriza-se por uma boa dose de divisionismo, pessimismo e cinismo. É improvável que a sua mentalidade paranoica — que pressupõe que o racismo está sempre em toda parte, apenas esperando para ser encontrado — seja útil ou saudável para aqueles que a adotam. Sempre acreditar que alguém será ou está sendo discriminado, e tentar descobrir como, dificilmente melhorará o resultado de qualquer situação.

E também pode ser contraproducente. Em *The Coddling of the American Mind*, o advogado Greg Lukianoff e o psicólogo social Jonathan Haidt descrevem essa mentalidade como uma espécie de terapia cognitivo-comportamental (TCC) reversa, um tipo de tratamento de saúde mental que se mostrou eficaz. O propósito principal da TCC é exercitar a pessoa para que *não* interprete todas as situações sob a luz mais negativa. O objetivo é desenvolver uma atitude mais positiva e resiliente em relação ao mundo, para que a pessoa possa interagir com ele tanto quanto possível. Se os jovens foram exercitados para ver insulto, hostilidade e preconceito em cada interação, começarão a perceber o mundo como hostil a eles e não prosperarão nele.

Fins nobres, meios terríveis

A Teoria crítica da raça se preocupa basicamente em acabar com o racismo mediante meios improváveis de tornar as pessoas mais conscientes sobre a raça em todos os momentos e lugares. O seu pressuposto principal é que — não importando o que as pessoas realmente pensam, acreditam, dizem ou fazem — o racismo é comum e permanente. Como as ativistas acadêmicas Heather Bruce, Robin DiAngelo, Gyda Swaney e Amie Thurber afirmaram na famosa Conferência Nacional de Raça e Pedagogia, na Universidade de Puget Sound, em 2014, "A questão não é 'O racismo aconteceu?'" — porque, para elas, isso é visto como óbvio —, "mas sim 'Como o racismo se manifestou naquela situação?'". Ou seja, todos nós devemos examinar cada situação em busca de evidências do racismo que está sempre presente.

Aqui estão apenas alguns dos principais problemas da Teoria crítica da raça:

- Dá importância social à raça, o que instiga o racismo em vez de detê-lo.
- Tende a ser puramente Teórica e não muito prática, sobretudo por causa dos seus usos do princípio do conhecimento pós-moderno e do princípio político pós-moderno.
- É agressiva.
- Insiste que o racismo é generalizado e onipresente, e que habita logo abaixo da superfície em todas as interações e fenômenos sociais.

Ver o racismo como onipresente e eterno confere a ele um *status* mitológico, como pecado ou depravação. Diz-se que os membros dos grupos raciais marginalizados possuem uma voz única e uma contranarrativa que, segundo a Teoria, *deve* ser considerada confiável porque é "autêntica" (esse é o princípio do conhecimento pós-moderno). Por causa disso, a sua leitura de qualquer situação não pode ser contestada (a menos que por acaso seja um dos muitos membros dos grupos raciais "marginalizados" que não concordam com a Teoria crítica da raça). Tudo o que indivíduo marginalizado Teoricamente ortodoxo interpreta como racismo é considerado racismo por definição.

No estudo acadêmico, isso leva a teorias construídas somente em cima de teorias, sem nenhuma maneira real de testá-las ou refutá-las. Os adeptos procuram ativamente por ofensas raciais ocultas e evidentes até encontrá-las, e não permitem explicações alternativas. O racismo é inevitável, mas também imperdoável. Isso pode levar ao repúdio da multidão e a humilhações públicas ("cultura do cancelamento").

Interpretar tudo como racista dificilmente produz os resultados desejados. Alguns estudos já mostraram que os cursos de diversidade, em que os membros dos grupos dominantes são informados de que o racismo está em toda parte e que eles próprios o permitem, resultou em maior hostilidade contra os grupos marginalizados. É má psicologia dizer às pessoas que não acreditam que são racistas — e que podem até desprezar ativamente o racismo — que não há nada que possam fazer para deixar de ser racistas. É ainda menos útil criar situações de duplo vínculo ou sem saída, em que as pessoas recebem duas mensagens conflitantes que apresentam um dilema insolúvel — por exemplo, dizer a alguém que é racista para reparar na raça, porque só alguém que é racista repara na raça, mas que também é racista não reparar na raça, porque só alguém com privilégios pode se dar ao luxo de não reparar na raça.

Ao se concentrar tão atentamente na raça e se opor ao "daltonismo" — a recusa de atribuir significado social à raça —, a Teoria crítica da raça ameaça desfazer o tabu social que construímos contra julgar as pessoas pela sua raça. O foco obsessivo na raça não tende a acabar bem — nem para os grupos minoritários, nem para a coesão social.

CAPÍTULO 6

Feminismos e os estudos de gênero

DESEMPENHANDO E PROBLEMATIZANDO

O feminismo foi um dos movimentos sociais mais bem-sucedidos da história da humanidade. Só no século passado, os avanços conquistados para libertar pouco mais da metade da população foram impressionantes.

Mas algo mudou no feminismo por volta do ano 2000: um número surpreendente de ativistas adotou uma nova abordagem — a interseccionalidade, que combinava diversas formas de Teoria identitária. As abordagens liberal, materialista e radical em relação ao feminismo, que dominaram a maior parte do século anterior, foram quase totalmente substituídas pela nova abordagem interseccional.

Do lado de fora, a abordagem interseccional se afigura irritante, irascível e desnecessariamente complicada. Dá a impressão de estar continuamente se solapando em diferenças e ressentimentos mesquinhos. Ela faz isso por meio de apelos para que as diversas tribos oprimidas se apoiem mutuamente sob a bandeira da "aliança" — que passam a ser Teorizadas como problemáticas ao "pôr no centro" as necessidades dos aliados mais privilegiados em detrimento dos grupos minoritários oprimidos. Parece impossível, mesmo para aqueles que acreditam na interseccionalidade, fazer algo certo.

Feminismos antes e agora

Na sua definição mais básica, *feminismo* significa "crença na igualdade entre os sexos". Por essa definição, a maioria da população agora é feminista. No entanto, o estudo acadêmico e o ativismo feministas sempre foram muito mais ideológicos e teóricos, e as ideologias e as teorias dominantes mudaram muito ao longo do tempo — acompanhadas por muitas disputas internas.

No sentido político e filosófico, o feminismo engloba uma quantidade estonteante de ramos: feministas culturais radicais, feministas lésbicas radicais, feministas libertárias radicais, separatistas, feministas psicanalíticas francesas, mulheristas, feministas liberais, feministas neoliberais, feministas marxistas, feministas socialistas/materialistas, feministas islâmicas, feministas cristãs, feministas judias, feministas pró-escolha, feministas pró-equidade, pós-feministas, feministas negras e feministas interseccionais. Todos esses grupos estão interessados nos direitos, nos papéis e nas experiências das mulheres na sociedade, mas se diferenciam amplamente no entendimento desses direitos, papéis e experiências.

Discutiremos quatro grandes áreas do pensamento feminista: feminismo liberal, feminismo radical, feminismo materialista (na prática, socialista) e feminismo interseccional.

O feminismo liberal foi a forma ativista de base mais ampla durante a "segunda onda" do feminismo, desde o final da década de 1960 até meados da década de 1980. Os feminismos radical e materialista diferem do feminismo liberal, mas se sobrepõem. Algo concorrentes, são ramos acadêmicos do feminismo, dominantes durante o mesmo período, com as feministas radicais dando mais ênfase ao patriarcado e as feministas materialistas dando mais ênfase ao capitalismo, mas ambas dando ênfase significativa aos dois. O feminismo interseccional é a nova variante, que substituiu as outras nas arenas acadêmicas e ativistas a partir de meados da década de 1990.

O feminismo liberal trabalhou gradativamente para estender todos os direitos e todas as liberdades de uma sociedade liberal às mulheres. Ele remodelou com sucesso a paisagem da sociedade, em particular no ambiente de trabalho. Os outros dois feminismos também estiveram presentes no ativismo e foram dominantes no estudo acadêmico feminista. As feministas materialistas estavam preocupadas com classe e em como o patriarcado e o capitalismo atuam juntos para restringir as mulheres, sobretudo no ambiente de trabalho e no lar. As suas teorias se baseavam no marxismo e no socialismo. As feministas radicais se concentraram no patriarcado e viram homens e mulheres como classes, com as mulheres como oprimidas e os homens como opressores. Elas eram revolucionárias que visavam recriar a sociedade, desmontar o conceito de gênero (mas *não* de sexo) e derrubar o patriarcado e o capitalismo.

Esses três ramos principais desenvolveram-se de maneira diferente em lugares diferentes. É importante entender que a abordagem feminista liberal

FEMINISMOS E OS ESTUDOS DE GÊNERO

desfrutou de maior apoio da sociedade, mas os feminismos radical e materialista dominaram as universidades, principalmente a partir da década de 1970.

Isso começou a mudar no final da década de 1980 e durante a década de 1990, quando uma nova safra de Teóricos empacotou com sucesso uma abordagem mais "sofisticada" — a Teoria pós-moderna — para uma nova geração de ativistas. Essa abordagem foi o pós-modernismo aplicado, que aceitou a opressão identitária como "real" e, portanto, trouxe o pós-modernismo para o ativismo feminista, que incorporou elementos da Teoria *queer*, da Teoria pós-colonial e da Teoria crítica da raça por meio do conceito da interseccionalidade.

Esses novos desenvolvimentos mudaram o caráter do feminismo tanto na consciência popular quanto na academia. Essa "terceira onda" do feminismo tendeu a desprezar as questões de classe e a se concentrar na identidade sob a forma de raça, gênero e sexualidade. Em vez de se reunir em torno da identidade compartilhada das mulheres como uma "irmandade", os feminismos interseccional e *queer* negam que as mulheres tenham experiências comuns e complicam até o que significa ser mulher. Enquanto as feministas liberais queriam a liberdade para rejeitar os papéis de gênero e ter acesso às mesmas oportunidades dos homens, e as feministas radicais pretendiam desmantelar o gênero inteiramente como constructo social opressor, as feministas interseccionais percebiam o gênero como culturalmente construído e como algo que as pessoas podiam experimentar como real e esperar ser reconhecido como tal.

Uma Teoria "cada vez mais sofisticada"

No início dos anos 2000, a mudança interseccional no feminismo se tornara inegável. Em 2006, Judith Lorber, professora (agora emérita) de sociologia e estudos de gênero, resumiu as quatro principais tendências dessa mudança em um ensaio intitulado "Shifting Paradigms and Challenging Categories":

1. Tornar o gênero — e não o sexo biológico — central.
2. Tratar gênero e sexualidade como constructos sociais.
3. Estudar o poder nessas construções — o poder que age no sentido foucaultiano de uma rede de permeação.
4. Concentrar-se no *ponto de vista* — isto é, na identidade.

(IN)JUSTIÇA SOCIAL

Lorber chamou essas mudanças de um modelo "cada vez mais sofisticado" para o pensamento feminista. Na verdade, elas são o resultado direto da Teoria do pós-modernismo aplicado. Cada um dos quatro pontos incorpora o princípio do conhecimento pós-moderno e o princípio político pós-moderno. Nessa nova visão feminista, o conhecimento é "situado", ou seja, vem do "ponto de vista" da pessoa na sociedade, pelo qual se refere à participação da pessoa nos grupos identitários de intersecção. Isso vincula o conhecimento ao poder e, ao mesmo tempo, o conhecimento e o poder aos discursos que criam, mantêm e legitimam o domínio e a opressão na sociedade.

Como na Teoria crítica da raça, a interseccionalidade ofereceu aos ativistas um sentido de missão renovado, pois lhes propiciou novos problemas para questionar e novas acusações a fazer — sobretudo uns contra os outros. Por exemplo, o pensamento feminista negro e a Teoria crítica da raça que permeou essa mudança acusaram o feminismo de ser "branco" e de ignorar os problemas pertinentes à raça, devido às influências corruptoras do privilégio branco.

Enquanto isso, o pensamento feminista *queer* acusou o feminismo de excluir primeiro as questões lésbicas, depois as LGB, depois as LGBT e, posteriormente, as LGBTQ, por causa da heteronormatividade e dos privilégios associados. Isso levou os acadêmicos orientados pelo cuidado a se tornarem cada vez mais "*woke*", não só para as maneiras pelas quais os outros são oprimidos, mas também para as maneiras pelas quais o próprio feminismo poderia ser Teorizado por ter contribuído ou ter sido cúmplice da opressão.

No final das contas, essa última preocupação foi incluída nos *estudos de gênero*, que se baseiam no pensamento feminista e o permeiam, mas é tecnicamente distinta dele.

O desenvolvimento dos estudos de gênero tem sua própria história. O estudo acadêmico do gênero surgiu nas décadas de 1950 e 1960, principalmente a partir da teoria literária. No início, era simplesmente chamado de "estudos sobre as mulheres", porque analisava questões das mulheres e defendia o seu empoderamento político.

Entre os principais textos, incluíam-se *The Second Sex* [*O segundo sexo*], de Simone de Beauvoir, publicado em 1949, um livro inovador que sustentava que as mulheres são construídas por entendimentos culturais da sua inferioridade em relação aos homens, e *The Feminine Mystique* [*A mística feminina*], de Betty Friedan, publicado em 1963, que criticava a ideia de que as mulheres se realizavam por meio da domesticidade e da maternidade. *Sexual Politics*, de Kate Millett,

90

publicado em 1970, proporcionou uma leitura atenta das representações negativas das mulheres nos textos literários de homens, e *The Female Eunuch* [*A mulher eunuco*], de Germaine Greer, publicado em 1970, sustentou que as mulheres eram sexualmente reprimidas e alienadas dos seus próprios corpos e alheias de quanto os homens as odiavam. Todos esses textos se enquadram no feminismo radical ao afirmar que a feminilidade é culturalmente construída e imposta pelos homens (em uma dinâmica de poder de cima para baixo), e defendem a derrubada revolucionária do patriarcado.

Na década de 1970 e em grande parte da década de 1980, as acadêmicas feministas analisaram atentamente os papéis das mulheres na família e na força de trabalho, e também as expectativas sociais de que as mulheres fossem femininas, submissas, bonitas — ou isso ou sexualmente disponíveis e pornográficas. As ideias marxistas sobre as mulheres como classe subordinada que existe para gerar trabalhadores do sexo masculino (que, por sua vez, apoiam o capitalismo) inspiraram muitas feministas a se reunirem em sessões de "conscientização" para entender plenamente a sua opressão culturalmente construída. Isso resulta do conceito (neo)marxista de "falsa consciência", ou seja, maneiras de pensar que impedem alguém de ser capaz de perceber a realidade da sua situação. O que é semelhante ao conceito de "misoginia internalizada", que descreve as mulheres que aceitam a imposição social da inferioridade das mulheres como normal e natural.

No entanto, no final da década de 1980 e início da década de 1990, o panorama começou a mudar, quando a influência do pós-modernismo aplicado da Teoria *queer*, da Teoria pós-colonial e da interseccionalidade começou a se fazer sentir.

Como Lorber descreve no seu ensaio de 2006, o feminismo marxista enxergava as mulheres como *classe*. Ela sustenta que, depois de enfocar as desigualdades no ambiente de trabalho durante a década de 1970 e início da década de 1980, "as feministas marxistas expandiram a sua análise para mostrar que a exploração das donas de casa era parte integrante da economia capitalista". Essa visão feminista materialista apresenta uma metanarrativa acerca dos homens, das mulheres e da sociedade, com base em um binário simples homem opressor/mulher oprimida.

Esse binário era inaceitável para os Teóricos pós-modernos. Os novos Teóricos, que ganharam influência sobre o pensamento feminista no final da década de 1980, basearam-se na Teoria *queer* para desafiar as categorias de "mulheres" e "homens" nos seus próprios fundamentos. No início dos anos 2000, a visão dominante era que — porque o gênero foi construído de maneira diversa por discursos dominantes em diferentes épocas e lugares — não fazia sentido usar as palavras "mulheres" e "homens". Os novos Teóricos afirmavam que, de acordo com a Teoria, "'mulheres' e 'homens' são considerados construções ou representações — obtidas por meio do discurso, do desempenho e da repetição —, em vez de entidades 'reais'".

Em outras palavras, o feminismo deu lugar aos estudos de gênero para incluir cada vez mais identidades oprimidas e adotou a interseccionalidade como uma espécie de Teoria da Grande Unificação. Os estudos de gênero consideravam o conhecimento como um constructo cultural (princípio do conhecimento pós-moderno), trabalhavam dentro de muitos vetores de poder e privilégio (princípio político pós-moderno) e estavam desconstruindo categorias, indefinindo fronteiras, concentrando-se em discursos, praticando relativismo cultural e reverenciando a sabedoria do grupo identitário (quatro temas pós-modernos).

Por que essa mudança ocorreu no feminismo? Para mais pistas, vamos nos concentrar um pouco mais nos quatro aspectos da mudança de paradigma que Lorber identificou no seu ensaio de 2006:

1. *Tornar o gênero — e não o sexo biológico — central*. As feministas não viam mais o mundo como "mulheres" *versus* "homens". Portanto, o "patriarcado" não fazia mais sentido como inimigo. Em vez disso, usando as ideias de Foucault, o problema era que a dominação masculina impregnara o discurso. O novo paradigma enxergava o poder e o privilégio como um "princípio organizador".

2. *Tratar gênero e sexualidade como constructos sociais*. O gênero tornou-se algo que fazemos a nós mesmos e fazemos uns aos outros. Como "*queer*", que apareceu como verbo na Teoria *queer*, a palavra "gênero" tornou-se um verbo. Por exemplo, antes da virada para o pós-modernismo aplicado, um anúncio mostrando uma mulher usando detergente poderia ter sido visto como reforço das expectativas patriarcais e exploração das mulheres em um sentido material. Após a mudança de paradigma, passou a ser visto como uma maneira de "generificar" as tarefas domésticas, usando discursos para legitimar a ideia de que lavar louça é parte do que significa ser mulher.

3. *Estudar o poder nessas construções*. As ideias sobre as maneiras pelas quais os papéis femininos são subordinados aos masculinos permaneceram, mas o entendimento desses papéis passou de um foco nos fatores legais, econômicos e políticos, e nas expectativas abertamente sexistas das

mulheres pelos homens, para um foco nas expectativas mais sutis, interativas, aprendidas, desempenhadas, internalizadas e perpetuadas por todos. Essa é a visão pós-moderna de poder difundida por Michel Foucault.

4. *Concentrar-se no* ponto de vista — *isto é, identidade.* A teoria do ponto de vista e a interseccionalidade tornaram-se centrais para a produção de conhecimento feminista. "Os estudos sobre as mulheres" — que se baseavam nas categorias de sexo biológico e na construção do gênero a serviço do capitalismo — haviam se tornado em grande medida "estudos de gênero", o que é fortemente pós-moderno.

A Teoria interseccional propiciou esse modo novo e "cada vez mais sofisticado" para entender a dinâmica de poder na sociedade por uma razão simples, mas importante: as encarnações anteriores do feminismo foram tão bem-sucedidas que não havia muito trabalho para o feminismo fazer. Homens patriarcais com crenças sexistas ainda existiam, mas se tornou cada vez mais difícil considerar a sociedade ocidental como genuinamente patriarcal ou ver a maioria dos homens como ativamente misóginos. A Teoria pós-moderna ofereceu uma oportunidade para manter as mesmas crenças e previsões — a dominação masculina existe e se serve à custa das mulheres —, ao mesmo tempo que as redefinia para que o trabalho de mudar a sociedade pudesse continuar.

Frequentemente, observamos esse tipo de mudança para uma técnica mais "sofisticada" e nebulosa quando as pessoas estão muito ligadas pessoal e ideologicamente a uma teoria que está falhando. Esse fenômeno foi descrito pela primeira vez por Leon Festinger no seu estudo sobre os cultos de óvnis e levou ao desenvolvimento do conceito de *dissonância cognitiva.* Festinger notou que os cultistas extremamente comprometidos não abandonavam as suas crenças quando as previsões do culto não se tornavam realidade. Em vez disso, os cultistas diriam que o evento *tinha* ocorrido, mas de uma maneira irrefutável (especificamente, alegariam que Deus decidiu poupar o planeta como resultado da fé dos cultistas).

Fazendo estudos de gênero

Então, o que está sendo estudado nos estudos de gênero? Quase tudo. Os estudos de gênero se sobrepõem a tantas disciplinas acadêmicas diferentes que praticamente tudo o que os seres humanos costumam fazer é estudado. Os estudiosos

(IN)JUSTIÇA SOCIAL

aplicam a interseccionalidade, a Teoria *queer* e a Teoria pós-colonial, e, assim, em última análise, as concepções pós-modernas de conhecimento, poder e discursos.

Por exemplo, consideremos a "generificação". Ela é vista como uma ação opressora, mas não como algo que indivíduos poderosos fazem conscientemente. Em vez disso, a "generificação" é criada por interações sociais em todos os níveis e elas se tornam cada vez mais complexas conforme novas camadas de identidade são adicionadas à mistura. No seu artigo "Doing Gender", de 1987 — o trabalho mais citado em estudos de gênero e que contribuiu para mais de 13 mil outros estudos acadêmicos, artigos e livros desde a sua publicação —, Candace West e Don H. Zimmerman tiveram como objetivo "apresentar um novo entendimento de gênero como uma realização rotineira incorporada na interação cotidiana". Os autores escrevem:

> Sustentamos que o "fazer" do gênero é empreendido por mulheres e homens cuja competência como membros da sociedade é refém da sua produção. O fazer do gênero envolve um complexo de atividades perceptivas, interacionais e micropolíticas socialmente orientadas, que moldam buscas específicas como expressões das "naturezas" masculina e feminina.

West e Zimmerman rejeitam explicitamente a biologia como fonte de diferenças nos comportamentos, preferências ou características masculinas e femininas, observando:

> Fazer o gênero significa criar diferenças entre meninas e meninos e mulheres e homens, diferenças que não são naturais, essenciais ou biológicas. Uma vez que as diferenças tenham sido construídas, são usadas para reforçar a "essencialidade" de gênero.

Em *Problemas de gênero*, obra icônica de Judith Butler, que apareceu por volta da mesma época de "Doing Gender" e se baseou nas ideias de Foucault acerca da construção da sexualidade, o gênero é aprendido e reproduzido, como a linguagem. West e Zimmerman entendem gênero praticamente da mesma maneira.

Em 1995, o conceito de gênero como algo que é "feito" ganhou um ponto de vista mais interseccional por parte de Candace West e Sarah Fenstermaker. Em um ensaio complementar de "Doing Gender" intitulado "Doing Difference",

West e Fenstermaker analisam as intersecções de gênero com raça e classe. Desde então, os estudos de gênero têm procurado levar em consideração um número crescente de identidades diversas, sobretudo à medida que os estudos *trans* se tornaram mais relevantes.

A morte do feminismo liberal

O feminismo liberal atua com a democracia liberal secular, a ação individual em uma estrutura de direitos humanos universais e um foco iluminista na razão e na ciência. Isso o tornou o alvo central explícito dos pós-modernos. Em geral, as feministas liberais acreditam que a sociedade já oferece quase todas as oportunidades necessárias para que as mulheres tenham sucesso na vida. Elas simplesmente querem ter o mesmo acesso a essas oportunidades como os homens o têm e também medidas que permitam e protejam esse acesso — oportunidades educacionais, creches a preços acessíveis, horários de trabalho flexíveis, e assim por diante. As feministas liberais querem preservar as estruturas e as instituições da democracia liberal secular e torná-las acessíveis.

As feministas interseccionais querem uma mudança em direção ao "respeito mútuo" e à "afirmação da diferença", ou seja, um senso de solidariedade e aliança entre os grupos marginalizados. O que significa respeito pelas diferenças entre grupos sociais e culturais, e não por indivíduos com pontos de vista diferentes. Isso requer relativismo cultural e a teoria do ponto de vista — a visão de que pertencer a um grupo marginalizado proporciona acesso especial à verdade, permitindo que os membros tenham um *insight* tanto do domínio quanto da própria opressão.

A compreensão de que grupos diferentes possuem experiências, crenças e valores diferentes foi bastante influenciada por algumas feministas negras, que criticaram a segunda onda do feminismo por não reconhecerem que as mulheres negras enfrentavam preconceitos e estereótipos diferentes das mulheres brancas. *Ain't I a Woman?* [*E eu não sou uma mulher?*], livro de bell hooks publicado em 1982, foi bastante influente. Sobre o tema do lugar da mulher negra no movimento feminista, hooks afirma:

> Quando o movimento das mulheres começou no final da década de 1960, ficou evidente que as mulheres brancas que dominavam o movimento sentiam que era o movimento "delas", que aquele era um

veículo pelo qual uma mulher branca vocalizaria o seu ressentimento para a sociedade. As mulheres brancas não só agiram como se a ideologia feminista existisse unicamente para servir aos seus próprios interesses porque foram capazes de chamar a atenção do público para as preocupações feministas. Elas não estavam dispostas a reconhecer que as mulheres não brancas faziam parte do grupo coletivo de mulheres da sociedade norte-americana.

No seu livro de 1990, *Black Feminist Thought* [*Pensamento feminista negro*], Patricia Hill Collins descreve os estereótipos que afetam exclusivamente as mulheres afro-americanas. Ela rastreia diversos estereótipos que considerou excluídos do feminismo (branco) — incluindo a *Mammy* [a babá negra], uma figura servil; a *Matriarch* [a matriarca], uma governanta assertiva (e, portanto, pouco feminina) da sua família; a *Welfare Mother* [a mãe do bem-estar], uma máquina passiva de fazer bebês; e a *Jezebel*, uma mulher negra sexualmente agressiva e sexualmente disponível — remontando aos tropos utilizados para justificar a escravidão.

No entanto, as feministas (brancas), ao incluir esses tropos sexistas na sua luta contra o patriarcado, também não caíram bem com Collins. Ela escreve, em um ensaio de 1993:

> O esforço de longa data para "colorizar" a teoria feminista inserindo as experiências de mulheres negras representa, na melhor das hipóteses, esforços genuínos para reduzir a parcialidade nos estudos sobre as mulheres. Mas, na pior, a colorização também contém elementos tanto de voyeurismo quanto de colonialismo acadêmico.

Na nova Teoria "cada vez mais sofisticada", parece impossível fazer algo certo. O caminho que Collins espera que as feministas (brancas) abram envolve incluir as — mas não se apropriar das — experiências das mulheres negras, dando espaço para que sejam ouvidas e amplificando as suas vozes — sem explorá-las ou sem que se tornem consumidoras voyeurísticas da sua opressão. Esses tipos de demandas impossíveis, contraditórias, de duplo vínculo são uma característica persistente da Teoria do pós-modernismo aplicado e continuam a infestar os estudos de gênero e outras formas de estudo acadêmico sobre Justiça Social Crítica. No entanto, em vez de enxergar essas demandas de duplo vínculo ou sem saída como um problema, os Teóricos tendem a vê-las como úteis para reafirmar a sua própria autoridade moral e se inserir em posições de poder (uma abordagem a que alguns podem razoavelmente se referir como "*bullying*").

E isso é apenas a questão da raça. Problemas semelhantes surgem com a aplicação da Teoria *queer* e, em consequência, as tentativas de incluir um número maior de vozes de *gays*, lésbicas, bissexuais e transgêneros nos estudos de gênero muitas vezes se confrontaram com frustração.

Uma teoria sem classes

Mais uma vítima do modelo interseccional "cada vez mais sofisticado" é o descaso pela variável mais materialmente relevante em muitos dos problemas enfrentados pelas mulheres (e por muitas minorias raciais e sexuais): a classe econômica. Esse descaso preocupou seriamente as feministas liberais de esquerda, as feministas socialistas e as socialistas em geral.

O *privilégio* substitui a classe para os interseccionalistas. O privilégio é o conceito mais intimamente associado com a Teórica Peggy McIntosh, autora de um ensaio publicado em 1989 e intitulado "White Privilege: Unpacking the Invisible Knapsack", embora ela sem dúvida tenha se apropriado da ideia de discussões anteriores sobre o "privilégio da pele branca" que a precedem em décadas. Apesar de McIntosh, influenciada pela Teoria crítica da raça, concentrar-se no privilégio *branco*, o conceito de privilégio social foi logo estendido a outras categorias identitárias — homem, heterossexual, cisgênero, magro, fisicamente apto e assim por diante. O termo descreve a relativa falta de discriminação e privação de direitos que as pessoas nessas categorias experimentam em relação àquelas de categorias identitárias marginalizadas. Assim, mesmo que alguém de pele clara não obtenha benefícios específicos por causa da sua pele clara, pelo menos não experimenta as coisas ruins que poderia enfrentar se tivesse pele escura.

Nesse sentido, o privilégio não está ligado à classe econômica. A consciência de privilégio substituiu quase completamente a consciência de classe como a principal preocupação dos representantes da esquerda acadêmica, ativista e política (sob a designação "posicionalidade engajada" — exatamente o que Patricia Williams disse ser "tudo" na sua análise do direito). Um homem heterossexual, branco e cisgênero, mesmo sendo pobre, possui, de acordo com essa lógica, mais privilégios do que uma mulher negra, *gay* e transgênera, independentemente de quão rica ela seja. Os esquerdistas econômicos tradicionais consideram preocupante essa mudança de classe para identidade de gênero, sexo e raça. Eles receiam que a esquerda esteja se afastando da classe trabalhadora e sendo sequestrada pela burguesia ou elites dentro da academia. Mais alarmante ainda para aqueles que se preocupam com a justiça social, isso levará os eleitores da classe trabalhadora para os braços da extrema-direita.

Linda Gordon, historiadora da Universidade de Nova York, resumiu o ressentimento da classe trabalhadora em relação à interseccionalidade:

> Algumas críticas são fruto da má informação, mas mesmo assim são compreensíveis. Um homem branco pobre associa a interseccionalidade ao fato de lhe ser dito que ele possui privilégio branco: "Aí, quando aquela feminista me disse que eu tinha 'privilégio branco', respondi que a minha pele branca não me serviu pra porra nenhuma". Ele explica: "Você já passou um inverno gélido no norte de Illinois sem aquecimento ou água corrente? Eu já. Aos 12 anos, você fazia macarrão instantâneo em uma cafeteira com água que pegava em um banheiro público? Eu sim".

Depois que a interseccionalidade se desenvolveu e se tornou dominante tanto do ativismo político quanto no estudo acadêmico, tornou-se mais comum ouvir que "homens heterossexuais, brancos e cisgêneros" são o problema. É improvável que isso faça a esquerda atrair homens brancos heterossexuais — sobretudo se eles experimentaram a pobreza, a falta de moradia e outras adversidades importantes.

De masculinidades e homens

Existem "estudos" sobre "homens e masculinidades" nos estudos de gênero, mas essa área de estudo não parece propensa a mudar a ideia de que os homens são o problema. Os acadêmicos de estudos sobre homens e masculinidades são quase todos homens, mas eles estudam a masculinidade em um arcabouço feminista. Em outras palavras, o feminismo é a única perspectiva permitida para o estudo sobre os homens e a masculinidade de acordo com a Teoria. Homens falando por si mesmos seriam vistos como falando do poder em discursos dominantes, e as mulheres falando pelos homens seriam vistas como falando nesses mesmos discursos dominantes; então, nenhum dos dois pode ser permitido.

Os estudos sobre homens e masculinidades costumam se valer bastante do conceito de "masculinidade hegemônica", desenvolvido pela Teórica de gênero australiana Raewyn Connell. A masculinidade hegemônica se refere a formas dominantes de masculinidade que mantêm a superioridade dos homens sobre as mulheres e expressam a virilidade de maneiras agressivas e competitivas, e que são socialmente impostas pelos discursos hegemônicos — dominantes e poderosos — em torno do que significa ser um "homem de verdade". A masculinidade hegemônica está ligada ao conceito de "masculinidade tóxica", desenvolvido por Terry Kupers na sua pesquisa sobre a masculinidade nas prisões. Ele define masculinidade tóxica como "a constelação de características masculinas socialmente regressivas que servem para fomentar a dominação, a desvalorização das mulheres, a homofobia e a violência gratuita". Como a Teoria afirma, os homens são socializados nessas *performances* de masculinidade por uma sociedade que é estruturada pela dinâmica de poder que os valoriza e deixa de questioná-lo.

Em geral, o interseccionalismo apenas redime os homens quando eles também possuem alguma forma de identidade marginalizada. Por exemplo, a "masculinidade inclusiva", desenvolvida por Eric Anderson em meados dos anos 2000, foi muito celebrada pelo seu foco na homossexualidade e no feminismo. Existem poucos estudos sobre os problemas enfrentados pelos homens simplesmente porque são homens — fora das questões feministas, raciais ou de sexualidade sancionadas Teoricamente.

Resumo da mudança

A mudança em direção ao feminismo interseccional e aos estudos de gênero pode ser resumida destas quatro maneiras:

1. O gênero é extremamente significativo para a maneira pela qual o poder se estrutura na sociedade.
2. O gênero é socialmente construído.
3. As estruturas de poder generificadas privilegiam os homens.
4. O gênero se combina com outras formas de identidade, que devem ser reconhecidas, e esse conhecimento é relativo e ligado à identidade.

No início dos anos 2000, o feminismo havia ficado quase completamente subordinado aos estudos de gênero. Em grande medida, abandonou as suas raízes acadêmicas radicais e materialistas e o ativismo liberal, e os substituiu por uma indefinição pós-moderna de categorias e pelo relativismo cultural — os efeitos da grande dependência dos estudos de gênero na interseccionalidade e na Teoria *queer* e a sua forte ênfase na linguagem. O foco na identidade grupal e na teoria do ponto de vista interseccional, que agora constitui a espinha dorsal do pensamento sobre a Justiça Social Crítica, não deixa espaço para os conceitos de universalidade e individualidade.

Essa estrutura analítica propiciou alguns benefícios. Ela perturbou as metanarrativas feministas radicais e materialistas simplistas — nas quais as mulheres eram uma classe oprimida e os homens, os seus opressores — ao reconhecer que o poder não funciona de maneira tão simples e binária. Isso foi especialmente importante para as feministas afro-americanas, as quais mostraram que enfrentavam estereótipos e barreiras muito diferentes das feministas brancas norte-americanas, que expandiram os estudos acadêmicos feministas para incluí-las. Também encorajou a investigação do gênero como algo mais complicado do que os papéis impostos aos homens e às mulheres pelo patriarcado, incluindo o preconceito e a discriminação enfrentados pelos homens e mulheres *trans*.

No entanto, os problemas referentes aos estudos de gênero desde a sua virada para a interseccionalidade têm sido consideráveis. A estrutura analítica atual não permite a possibilidade de uma situação em que *não* existam desequilíbrios de poder de gênero ou de uma situação em que os homens estejam em desvantagem. Costuma-se dizer que "o patriarcado também prejudica os homens", mas os interseccionalistas se recusam a pensar na possibilidade de que o domínio masculino pode não ser um fator em qualquer disparidade. Também não aceitam o argumento de que os homens podem ser sistematicamente prejudicados como sexo — digamos, por exemplo, pelo crescente prestígio social do feminismo interseccional.

Outro problema é que nem todas as diferenças de gênero podem ser explicadas pelo construtivismo social ou entendidas pela Teoria Crítica. Em geral, homens e mulheres fazem escolhas de vida diferentes, exibem distintos graus de características psicológicas, possuem interesses diferentes e manifestam comportamentos sexuais diversos, mas há evidências consideráveis de que grande parte disso se deve ao fato de que homens e mulheres não sejam psicologicamente idênticos por natureza. Os construtivistas sociais se recusam a considerar explicações biológicas para essas diferenças. Isso limita a sua capacidade de realizar estudos rigorosos e importantes, ao mesmo tempo que solapa a credibilidade de qualquer estudo acadêmico rigoroso e importante que tenha sido realizado na área.

Finalmente, a tentativa de empreender todas as análises de gênero interseccionais, concentrar-se no conceito simplista de privilégio social, enraizado predominantemente na identidade (e não na economia), e incorporar elementos da Teoria crítica da raça e da Teoria *queer* resulta em uma análise bastante confusa que torna quase impossível chegar a quaisquer conclusões que não a simplificação excessiva de que homens brancos heterossexuais são injustamente privilegiados, precisam se arrepender e sair do caminho de todos. Por causa do foco na identidade e na necessidade percebida de mais acadêmicos terem muitas identidades marginalizadas diferentes, grandes seções de artigos acadêmicos são dedicadas a acadêmicos que reconhecem performativamente a sua posicionalidade e problematizam o seu próprio trabalho, em vez de fazer algo útil para ajudar a curar as divisões restantes entre os gêneros. Esse é o preço que pagam pela sua "crescente sofisticação".

CAPÍTULO 7

Estudos sobre deficiência e sobre o corpo gordo

SUBSTITUINDO A CIÊNCIA PELA DOCE ILUSÃO

Assim como os estudos de gênero, a Teoria crítica da raça e a Teoria *queer*, as abordagens críticas para o estudo da deficiência e da gordura como identidades começaram com a virada para o pós-modernismo aplicado no final da década de 1980 e no início da década de 1990. Isso levou à criação dos estudos sobre deficiência e estudos sobre o corpo gordo. Em paralelo com o que aconteceu nos estudos de gênero, essas novas áreas de estudo excluíram em grande medida abordagens mais práticas, que são menos propensas a acreditar que tudo é um constructo social e encarado de maneira melhor por meio de políticas identitárias.

Embora semelhantes em muitos aspectos, essas duas áreas possuem histórias diferentes e, assim, falaremos sobre elas separadamente.

Estudos sobre deficiência

O ativismo das pessoas com deficiência começou na década de 1960, por volta da mesma época do Movimento pelos Direitos Civis, da segunda onda do feminismo e do Orgulho *Gay*. O objetivo era tornar a sociedade mais acolhedora e receptiva às pessoas com deficiência, melhorando, assim, a sua qualidade de vida. Os seus ativistas queriam ampliar o acesso das pessoas com deficiência às oportunidades disponíveis para as pessoas sem deficiências e o movimento teve grande sucesso.

No entanto, os estudos sobre deficiência começaram a mudar na década de 1980. Após a virada para o pós-modernismo aplicado e a incorporação do feminismo interseccional, da Teoria *queer* e da Teoria crítica da raça, os estudos sobre deficiência passaram a considerar a aptidão e a inaptidão como um constructo

102

social. Desde então, tornaram-se cada vez mais radicais — e pós-modernos. A deficiência (incluindo certas doenças mentais tratáveis) passou a ser valorizada como uma identidade marginalizada e foi encarada como injustamente desvalorizada em relação às identidades "normais" fisicamente aptas. Em consequência, os estudos sobre deficiência assumiram uma abordagem cada vez mais abstrata, o que os tornou inadequados para a tarefa de melhorar as oportunidades e a qualidade de vida das pessoas com deficiência.

Na década de 1980, o estudo acadêmico e o ativismo referentes ao "in/capacitado" (esse termo estranho significa o estudo tanto dos inaptos como dos aptos) mudaram da compreensão da deficiência como algo relacionado ao indivíduo para uma visão da deficiência como algo imposto aos indivíduos por uma sociedade que não acolhe as suas necessidades.

Antes dessa mudança, as pessoas com deficiência eram consideradas pessoas cujas deficiências afetavam a maneira como interagiam com o mundo. Posteriormente, a deficiência passou a ser vista como uma condição imposta a elas por uma sociedade pouco acolhedora e desinteressada. Por exemplo, um indivíduo com surdez era antes considerado alguém que não podia ouvir, que estava incapacitado por causa da sua deficiência. Após a mudança, ele passou a ser visto como um surdo, alguém que não podia ouvir e que a sociedade "incapacitou" por deixar de acolhê-lo tão bem quanto aqueles capazes de ouvir. "Deficiente" deixa de ser um adjetivo que descreve um aspecto de uma pessoa e passa a ser algo que foi feito a uma pessoa (pelo sistema). "*Sou* deficiente" se transforma em "*Virei* deficiente (pela sociedade)".

Em outras palavras, uma pessoa só é deficiente por causa da *suposição da sociedade* de que as pessoas são todas fisicamente aptas e, se a sociedade mudasse radicalmente, essa pessoa não seria mais deficiente.

Essa mudança parece ter se desenrolado em dois estágios. No primeiro, que é comumente chamado de "modelo social da deficiência", substituiu o "modelo médico de deficiência", às vezes chamado de "modelo individual". Isso ocorreu na década de 1980 e é amplamente creditado ao estudioso de serviço social e sociólogo britânico Michael Oliver. No modelo médico, a deficiência é algo que afeta uma pessoa e a solução é corrigir a condição incapacitante ou mitigar as deficiências, para que as pessoas com deficiência possam interagir com o mundo como as pessoas fisicamente aptas ou aceitar que não podem interagir. No modelo social de deficiência, é a sociedade que incapacita a pessoa ao deixar de criar ambientes para acolher os indivíduos com deficiência.

(IN)JUSTIÇA SOCIAL

Oliver criou uma transferência de responsabilidade. O entendimento de deficiência existente na década de 1980, em particular na Grã-Bretanha, mudou de um entendimento que esperava que as pessoas com deficiência elaborassem as suas próprias soluções para acessar tudo o que a sociedade tem a oferecer ou aceitassem ser excluídas dessa sociedade para um entendimento que atribuía à sociedade a responsabilidade de possibilitar maior acesso das pessoas com deficiência a ela. Essa mudança conceitual exige que a sociedade se ajuste para acolher as pessoas com uma gama maior de aptidões físicas, e não o contrário. Era uma abordagem bastante positiva, que ajudou as pessoas com deficiência a se engajarem mais plenamente na sociedade.

Não há evidência de que o próprio Oliver tenha adotado uma abordagem pós-moderna. A sua defesa do acolhimento da deficiência exigia mudanças sociais muito difíceis na prática, mas a sua visão não era construtivista social radical no que se refere à natureza da deficiência. Todavia, o seu livro *Social Work with Disabled People*, de 1983, está atualmente na sua quarta edição [em inglês], publicado por novos editores, e agora inclui referências aos estudos identitários.

Por exemplo, na edição mais recente, a linguagem foi claramente influenciada pela interseccionalidade:

> Sem dúvida, as experiências serão culturalmente localizadas e refletirão diferenças de classe, raça, gênero e assim por diante, e dessa maneira o discurso pode muito bem ser culturalmente tendencioso. Ao usar o modelo social, o entendimento também vem do reconhecimento de que experiências históricas de deficiência foram culturalmente localizadas em respostas à deficiência. O modelo social pode ser usado por indivíduos de diferentes culturas e em estudos étnicos, *queer* ou de gênero para mostrar a deficiência nessas situações. Do mesmo modo, todas essas disciplinas precisam levar em consideração o deficientismo nas suas comunidades.

Esse segundo estágio dos estudos sobre deficiência recorre fortemente a dois princípios pós-modernos: o conhecimento como constructo social e a sociedade como composta de sistemas de poder e privilégio. Atualmente, os estudos sobre deficiência se baseiam na Teoria crítica da raça e se valem muito de Michel Foucault e Judith Butler. Também costumam utilizar os temas pós-modernos de indefinição de fronteiras e da importância do discurso — acompanhados de uma

ESTUDOS SOBRE DEFICIÊNCIA E SOBRE O CORPO GORDO

desconfiança radical em relação à ciência. Essa é uma mudança do objetivo liberal de que a sociedade deve reconhecer que algumas pessoas são deficientes e acolher as suas necessidades extras para uma posição de que a deficiência e a aptidão são, elas mesmas, constructos sociais que têm de ser desmantelados. O conceito de indivíduo também é criticado nesse segundo estágio dos estudos sobre deficiência, devido à crença de que o individualismo permite uma "expectativa neoliberal" de que o indivíduo supere a própria deficiência e se torne um membro produtivo da sociedade em benefício do capitalismo, em vez da própria realização do potencial do indivíduo com deficiência.

CAPACITISMO

Nos estudos atuais sobre deficiência, o "capacitismo" é a aceitação da ideia de que é melhor ser fisicamente apto do que deficiente e que ser fisicamente apto é "normal". O "deficientismo", por outro lado, denota preconceito contra as pessoas com deficiência, incluindo a ideia de que a sua condição de deficiente é "anormal" e a crença de que uma pessoa fisicamente apta é superior a uma pessoa com deficiência.

Consequentemente, a Teoria *queer*, com o seu foco na desconstrução do normal, funciona bem em relação aos estudos sobre deficiência. A Teórica *queer* Judith Butler incluiu o conceito de "heterossexualidade compulsória" de Adrienne Rich — a imposição social da heterossexualidade como a sexualidade normal e padrão —, e Robert McRuer fez o mesmo nos estudos sobre deficiência. No seu livro *Crip Theory: Cultural Signs of Queerness and Disability*, de 2006, que examina como a Teoria *queer* e os estudos sobre deficiência se permeiam mutuamente, ele sustenta:

> Tal como a heterossexualidade compulsória, a condição fisicamente apta compulsória funciona encobrindo, com a aparência de escolha, um sistema em que na verdade não há escolha. (...) Assim como as origens da identidade heterossexual/homossexual estão agora encobertas para a maioria das pessoas, de modo à heterossexualidade compulsória funcionar como uma formação disciplinar que aparentemente emana de todos os lugares e de lugar nenhum, também estão encobertas as origens do fisicamente apto/inapto (...) para ser coerente em um sistema de condição fisicamente apta compulsória que, da mesma forma, emana de todos os lugares e de lugar nenhum.

(IN)JUSTIÇA SOCIAL

Esse trecho ecoa o argumento de Foucault de que diferentes sexualidades e doenças mentais eram meramente constructos de discursos médicos que procuravam injustamente categorizar as pessoas como "normais" e "anormais" e excluir os "anormais" de participar dos discursos dominantes da sociedade. A visão de condição de aptidão como algo que é construído injustamente como "normal" (fisicamente apto) ou "anormal" (deficiente) dominou os estudos sobre deficiência desde que adotou as abordagens da Teoria *queer*.

No livro *Disability Studies: Theorising Disablism and Ableism*, de 2014, Dan Goodley utiliza essa abordagem pós-moderna. Ele aplica o conceito de Foucault de "biopoder", em que os discursos científicos possuem alto prestígio e são aceitos como verdade e perpetuados pela sociedade, onde criam as categorias que parecem descrever. A adoção por parte de Goodley do princípio do conhecimento e do princípio político pós-moderno — ele percebe os discursos científicos como opressores e não mais verdadeiros do que outras formas de conhecimento — fica clara quando ele compara a ciência ao colonialismo:

> Sabemos que os conhecimentos coloniais são construídos como neutros e universais por meio da mobilização de discursos associados, tais como medidas humanitárias, filantrópicas e de redução da pobreza. Também podemos perguntar: como os saberes capacitistas são naturalizados, neutralizados e universalizados?

Goodley considera o diagnóstico, o tratamento e a cura de deficiência como práticas suspeitas, que defendem ideias capacitistas e contribuem para um "sistema neoliberal", em que as pessoas são forçadas a ser indivíduos totalmente autônomos e altamente funcionais, para que possam contribuir com o seu trabalho para os mercados capitalistas. Ainda mais preocupante, ele afirma que "autonomia, independência e racionalidade são virtudes desejadas pelo neoliberal-capacitismo".

O princípio pós-moderno, que enxerga o mundo como construído por sistemas de poder, permeia o livro de Goodley. Ele descreve a sociedade como "mesclando discursos de privilégio sobrepostos" e escreve:

> Sustento que os modos de reprodução cultural capacitista e as condições materiais incapacitantes nunca podem ser divorciadas do hetero/sexismo, racismo, homofobia, colonialismo, imperialismo, patriarcado e capitalismo.

106

ESTUDOS SOBRE DEFICIÊNCIA E SOBRE O CORPO GORDO

Para Goodley, o modelo social de Oliver não é interseccional o suficiente, pois não analisa raça e gênero e não considera a deficiência em termos de Teoria *queer* — como "uma identidade que pode ser celebrada quando rompe as normas e subverte os valores da sociedade".

Essa ideia de que as pessoas com deficiência têm a responsabilidade de usar as suas deficiências para subverter as normas sociais — e até recusar quaisquer tentativas de tratamento ou cura — a serviço da disrupção de normas é uma característica comum dos estudos sobre deficiência. Isso aparece no livro *Contours of Ableism: The Production of Disability and Abledness*, de Fiona Campbell, publicado em 2009. Como Goodley, Campbell considera controverso que as deficiências sejam vistas como problemas a serem curados.

No estudo acadêmico e no ativismo, o desejo de prevenir ou curar a deficiência é muitas vezes caricaturado como o desejo de que as *pessoas com deficiência* (em vez das suas deficiências) não existissem. Campbell vai ainda mais longe. Com base na Teoria *queer* de Judith Butler, ela caracteriza a condição fisicamente apta e a deficiência como desempenhos que as pessoas aprendem com a sociedade:

> Quer se trate do "corpo típico da espécie" (na ciência), do "cidadão normativo" (na teoria política), do "homem razoável" (no direito), todos esses significantes apontam para uma falsificação que atinge a própria alma que nos arrasta para a vida e, como tal, é o resultado e o instrumento de uma constituição política. A criação de tais regimes de separação ontológica parece dissociada do poder. (...) Todos os dias, as identidades de *deficientes* e *fisicamente aptos* são desempenhadas repetidas vezes.

Esse trecho provocativo é claramente influenciado por Jacques Derrida e Judith Butler. Uma visão derridiana postula que entendemos "deficiência" e "condição fisicamente apta" apenas na sua diferença um do outro, e os dois conceitos não são vistos equitativamente. Além disso, insere a ideia butleriana de *performatividade*.

Campbell também inclui a Teoria crítica da raça, sobretudo o seu pressuposto de que o racismo é uma parte tão normal, comum e natural da vida ocidental que ninguém o vê ou o questiona. Ela adapta isso aos estudos sobre deficiência para sustentar que o capacitismo também é uma forma de preconceito tão comum que não o questionamos porque acreditamos que é melhor ser fisicamente apto

(IN)JUSTIÇA SOCIAL

do que ter uma deficiência. Campbell até critica as pessoas com deficiência por terem "capacitismo internalizado" quando elas expressam qualquer desejo de não serem deficientes. Ela escreve: "Ao desempenhar inconscientemente o capacitismo, as pessoas com deficiência se tornam cúmplices do próprio legado, por reforçar a deficiência como uma condição indesejável".

Essas ideias são bastante típicas dos estudos sobre deficiência. Lydia X. Z. Brown, por exemplo, também descreve a deficiência como um desempenho e o fato de ter uma deficiência como uma identidade a ser celebrada. Isso fica evidente no relato de Brown sobre uma discussão com uma amiga que se converteu ao islamismo, que tinha lhe explicado por que usa o *hijab*, véu utilizado por mulheres muçulmanas, embora não acredite no conceito de recato por trás dele:

> Usar o *hijab* é um sinal externo de ser muçulmana. A mulher está desempenhando "ser muçulmana", quer ser associada a ser muçulmana e escolhe usar o *hijab* para que as outras pessoas — muçulmanas ou não — possam identificá-la, da mesma forma que eu, como autista que não agita inata ou instintivamente as mãos ou os braços — esse nunca foi um estímulo que desenvolvi —, escolherei deliberada e frequentemente agitá-los, sobretudo em público, a fim de chamar a atenção para mim, para que as outras pessoas — autistas ou não — possam me identificar como autista. Uso isso como um sinal externo [assim como algumas mulheres muçulmanas podem escolher usar o *hijab* mesmo na ausência de convicções religiosas a respeito de cobrir a cabeça].

É pouco provável que esse desempenho que busca abertamente chamar a atenção seja apreciado pela maioria dos autistas. No entanto, alguns ativistas insistem que as suas deficiências — incluindo doenças mentais tratáveis, como depressão, ansiedade e até tendências suicidas — são positivas e as comparam a outros aspectos empoderadores da identidade.

Essa abordagem politizada é diferente de alguém aceitar as suas limitações e abraçar a sua realidade de maneira psicologicamente positiva. Por exemplo, no seu livro *No Pity: People with Disabilities Forming a New Civil Rights Movement*, Joseph Shapiro contesta a ideia de que é um elogio quando uma pessoa fisicamente apta não pensa em uma pessoa com deficiência como deficiente. Ele escreve:

108

ESTUDOS SOBRE DEFICIÊNCIA E SOBRE O CORPO GORDO

Era como se alguém tivesse tentado elogiar um homem negro dizendo "Você é a pessoa menos negra que já conheci". Tão falso quanto dizer a um judeu "Nunca pensei em você como judeu". Tão inábil quanto tentar lisonjear uma mulher com "Você não age como uma mulher".

Shapiro compara o Orgulho dos Deficientes com o Orgulho *Gay*. Ter uma deficiência, ele acha, deve ser visto como algo positivo:

> Como os homossexuais no início da década de 1970, muitas pessoas com deficiência estão rejeitando o "estigma" de que há algo triste ou do qual se envergonhar na sua condição. Elas estão sentindo orgulho da sua identidade como pessoas com deficiência, exibindo-a em vez de escondê-la.

Ninguém deve sentir vergonha da sua sexualidade, raça, religião, do seu gênero ou da sua condição de aptidão, mas muitas pessoas com deficiência talvez discordem da ideia de que a sua deficiência deva ser celebrada — e é pouco provável que isso venha a ajudá-las a encontrar um tratamento ou remédio eficaz, se for isso o que elas quiserem. Querer tratamento e remédios não é errado, e não é algo de que se deva se envergonhar.

O princípio do conhecimento pós-moderno, que rejeita a ideia de que os médicos são mais qualificados para diagnosticar as deficiências do que qualquer outro alguém, costuma encorajar as pessoas ao autodiagnóstico, com o propósito de pertencer a um grupo identitário. Uma conversa documentada entre Lydia X. Z. Brown e Jennifer Scuro fornece um exemplo (LB e JS, respectivamente):

> **LB:** Já ouvi coisas como: "Acho que sou autista, mas não quero dizer isso porque nunca fui diagnosticado", ou seja, não foi feito um diagnóstico por um especialista. A minha resposta é a seguinte: "Bem, não me cabe dizer como você deve ou não se identificar", mas não acredito em dar poder ao complexo médico-industrial e ao seu monopólio para definir e determinar quem conta e quem não conta como autista (...)
> **JS:** Sim, depois que comecei a entrar no território do diagnóstico, depois que comecei a brincar com o problema do pensamento diagnóstico, que é deixado apenas a diagnosticadores formados, isso me

(IN)JUSTIÇA SOCIAL

permitiu desafiar o modo como todos nós temos de lidar com o pensamento diagnóstico.

Esse diálogo parece defender que as pessoas se autoidentifiquem como deficientes com a finalidade de ganhar uma identidade grupal, promovendo a disrupção da ciência médica e a disrupção da crença dominante, de maneira politicamente motivada, de que a deficiência seja algo a ser evitado ou tratado.

Não está claro como qualquer coisa disso pode ajudar pessoas com deficiência.

DEFESA ÚTIL SABOTADA

Os estudos sobre deficiência, o ativismo e o modelo social de deficiência começaram bem. Os seus objetivos iniciais eram aliviar o fardo sobre as pessoas com deficiência para que se adaptassem à sociedade e fazer a sociedade as acolher melhor, bem como às suas deficiências. Essa mudança de ênfase foi incorporada em diversas leis e aumentou o acesso das pessoas com deficiência aos empregos e às oportunidades sociais para os quais costumavam ser barradas. Era conveniente que o estudo acadêmico continuasse esse trabalho examinando as atitudes sociais em relação à deficiência e procurasse melhorá-las.

Infelizmente, a incorporação da Teoria pós-moderna aplicada aos estudos sobre deficiência parece tê-los desencaminhado. Essa abordagem obcecada pela identidade pressiona as pessoas com deficiência a se identificarem, celebrarem e politizarem as suas deficiências. Embora as pessoas com deficiência possam ser constrangidas por rótulos médicos, uma grande desconfiança no que concerne à ciência médica em si não beneficiará essas pessoas ou quem quer que seja. A interseccionalidade tende a complicar desnecessariamente a questão do preconceito contra as pessoas deficientes, sepultando-a sob uma montanha de "discursos de privilégio sobrepostos". O uso da estrutura da Teoria crítica da raça para insistir que as deficiências são, em última análise, construções sociais é pouco prestativo, porque as deficiências físicas e mentais são reais e as pessoas costumam não gostar de tê-las por causa da maneira pela qual afetam negativamente as suas vidas (e não porque elas foram socializadas para acreditar que não deveriam gostar delas).

É antiético exigir que as pessoas com deficiência assumam a sua deficiência como uma identidade para romper com as normas culturais capacitistas. Embora algumas pessoas com deficiência possam encontrar conforto e empoderamento quando se identificam com a sua deficiência, muitas não encontram isso.

Inúmeras pessoas com deficiência não desejam ser deficientes e querem melhorar a sua condição para si mesmas e para os outros. (Essa é, na verdade, a posição de um dos autores deste livro, que preferiria não sentir dor e não ficar limitado em seus movimentos e visão.) É um direito delas e o ativismo virtuoso referente à deficiência deveria apoiar esses indivíduos. Acusar aqueles que têm esse desejo de ter "capacitismo internalizado" é presunçoso e insultante.

Um problema em assumir uma deficiência física ou mental como identidade é que isso transforma qualquer tratamento possível da deficiência em um ato de apagamento. Isso pode levar as pessoas a problematizar ou recusar uma tecnologia que, por exemplo, permita aos surdos ouvir, porque eles não serão surdos depois. A maioria dos surdos cuja deficiência auditiva poderia ser melhorada com um aparelho auditivo não rejeitaria essa intervenção e seria cruel chamá-los de traidores identitários por adotar tais aparelhos.

Os estudos e o ativismo referentes à deficiência não falam por todas as pessoas com deficiência e podem até prejudicar a capacidade das pessoas com deficiência de obter os diagnósticos e tratamentos que desejam. O *status* envolvido em ter uma identidade marginalizada pode até gerar uma tentação crescente de se tornar mais, em vez de menos, deficiente, e se concentrar predominantemente na própria deficiência. Seria especialmente preocupante se as pessoas pudessem se autoidentificar como deficientes sem diagnóstico profissional ou assistência médica.

Os estudos sobre deficiência são bem-intencionados, mas, em última análise, são um fracasso.

Estudos sobre o corpo gordo

Grande parte dos mesmos problemas nos estudos sobre deficiência também aparecem nos estudos sobre o corpo gordo. Assim como os estudos sobre deficiência, os estudos sobre o corpo gordo começaram nos Estados Unidos na década de 1960 como ativismo gordo e têm aparecido sob diversas formas desde então. Só recentemente se estabeleceram como um ramo distinto dos estudos identitários. Esses estudos também se basearam fortemente na Teoria *queer* e no feminismo, e possuem um foco extremamente interseccional. Eles procuram retratar as percepções negativas sobre a obesidade como algo semelhante ao racismo, sexismo e homofobia, e rejeitam explicitamente a ciência. Concentram-se na construção social da obesidade e procuram

(IN)JUSTIÇA SOCIAL

capacitar as pessoas obesas a rejeitar os conselhos médicos e abraçar um "saber" comunitário de apoio que enxerga a obesidade de modo favorável.

Os estudos sobre o corpo gordo se apoiam firmemente no princípio do conhecimento pós-moderno, que considera o conhecimento como um constructo do poder, perpetuado em discursos — nesse caso, os discursos enraizados na *gordofobia*, em combinação com a misoginia e o racismo. Os estudos sobre o corpo gordo criam estruturas bastante complexas de opressão, com um ceticismo radical em relação à ciência, e defendem "outras maneiras de saber", que incluem experiências pessoais, Teoria, feminismo e até poesia.

É mais popular no Reino Unido, mas o ativismo gordo provavelmente começou nos Estados Unidos, com a criação da National Association to Advance Fat Acceptance (NAAFA), em 1969, e o crescimento do Fat Underground, na década de 1970. O ativismo gordo surgiu dentro do conjunto de mudanças sociais, culturais e políticas que começaram a promover os estudos culturais e identitários, e o pós-modernismo, por volta da década de 1970.

No entanto, o ativismo gordo parece ter assumido características pós-modernas muito mais recentemente do que os outros tipos de estudos identitários que se apoiam na Teoria do pós-modernismo aplicado. Isso talvez se deva ao fato de que os estudos sobre o corpo gordo só se tornaram uma área acadêmica há pouco tempo, embora acadêmicas feministas já venham Teorizando há muito acerca da pressão sofrida pelas mulheres para serem magras. Os estudos sobre o corpo gordo insistem que a "gordofobia" generalizada e socialmente aceita impediu que fossem levados a sério e consideram qualquer estudo sobre obesidade como perigoso e (em geral) a condição médica tratável como gordofóbica.

Historicamente, o estudo acadêmico e o ativismo que se tornariam os estudos sobre o corpo gordo eram chamados de feminismo referente ao corpo gordo. Estava fortemente ligado aos ramos radical e lésbico do feminismo e teve um número limitado de adesões. Isso não mudou muito até a década de 1990, quando o movimento da positividade corporal, focado na aceitação e na celebração dos "corpos gordos", emergiu na sociedade liberal mais ampla. Um movimento afim, Health at Every Size, que existiu sob várias formas desde a década de 1960, tornou-se proeminente em 2003 quando a Association for Size Diversity and Health registrou a expressão. Em 2010, Lindo Bacon (anteriormente Linda), acadêmico de fisiologia e psicoterapia, escreveu um livro badalado chamado *Health at Every Size*: *The Surprising Truth About Your Weight*, que afirma que os corpos de todos os tamanhos e dimensões podem ser saudáveis. Os médicos discordam.

ESTUDOS SOBRE DEFICIÊNCIA E SOBRE O CORPO GORDO

Os estudos sobre o corpo gordo se desenvolveram rapidamente, começaram a assumir uma abordagem do pós-modernismo aplicado e logo se tornaram completamente interseccionais. Em 2012, a reivindicação de que os estudos sobre o corpo gordo deveria ser uma disciplina independente foi reforçada com a criação da revista acadêmica *Fat Studies*. A publicação compara as opiniões negativas acerca da obesidade — incluindo preocupações sobre possíveis implicações para a saúde por causa do excesso de peso ou da obesidade — com o preconceito contra as pessoas pelas suas características imutáveis.

A Teoria *queer* e Judith Butler influenciaram bastante o desenvolvimento dos estudos sobre o corpo gordo. Charlotte Cooper, importante estudiosa do assunto, começa o seu livro *Fat Activism: A Radical Social Movement* declarando que ele é "assumidamente *queer*" e "encorajando ativistas obesos a resistir à atração do acesso e da assimilação, se conseguirem, e considerar estratégias *queer* para revigorar o movimento".

O conceito foucaultiano de "biopoder" — em que a ciência é vista como um método injustamente privilegiado de produção de conhecimento, que é então perpetuado em todos os níveis da sociedade por meio do discurso — também é usado e de maneira bastante paranoica. Essa crença em discursos poderosos ocultos permeia os textos do ativismo gordo em todos os níveis e apela tanto a Foucault quando a Judith Butler. Para Marilyn Wann, estudiosa do corpo gordo:

> Todo aquele que vive em uma cultura que odeia pessoas gordas absorve inevitavelmente crenças, suposições e estereótipos contra pessoas gordas, e também passa a ocupar uma posição em relação aos arranjos de poder baseada no peso. Nenhum de nós pode esperar ficar completamente livre dessa formação ou completamente desvencilhado da rede do poder.

É assim que os Teóricos do pós-modernismo aplicado enxergam a sociedade humana. Eles afirmam que elementos da nossa identidade nos posicionam nessa rede com diferentes níveis de acesso ao poder. Aprendemos a "desempenhar" a nossa posição, conduzindo o poder por meio de nós mesmos como parte do sistema, muitas vezes sem saber que a rede está lá. Ao desempenhar os nossos papéis, sustentamos os pressupostos sociais e culturais que garantem e negam o acesso ao poder. Socializamos a nós mesmos e aos outros ao aceitarmos as iniquidades do sistema, justificando o nosso próprio acesso e racionalizando a exclusão dos outros.

(IN)JUSTIÇA SOCIAL

Tudo isso é realizado por meio de discursos — maneiras como falamos sobre as coisas e como as representamos na mídia não verbal. Com a evolução dessa concepção pós-moderna da sociedade, ela se consolidou em um sistema de crenças com o qual os primeiros pós-modernos jamais teriam concordado.

TEORIA — UMA FANTASIA PARANOICA

Para alguns acadêmicos de estudos do corpo gordo, a gordofobia se resume ao sexismo. Para outros, ao capitalismo. Para Charlotte Cooper, por exemplo, as forças do "neoliberalismo" (sociedade capitalista baseada no mercado) pressionam as pessoas a se adaptarem à sociedade, em vez de exigir que a sociedade as acolha. Cooper é bastante crítica do movimento de positividade corporal. Ela considera que a positividade corporal atribui toda a responsabilidade aos indivíduos de amarem os seus próprios corpos e serem felizes neles, em vez de exigir que a sociedade pare de ver a obesidade de maneira negativa. Como afirma Liz, integrante da "comunidade gorda" de Cooper, que Cooper entrevistou para o livro *Fat Activism*: "O ódio à pessoa gorda é alimentado pelo capitalismo porque as empresas criam produtos que servem só para emagrecer as pessoas gordas".

A biologia e a ciência da nutrição são mal interpretadas como uma forma de "biopoder" foucaultiano que restringe e disciplina as pessoas. A ciência médica em torno da obesidade é mal interpretada como uma força opressora e disciplinar que oprime as pessoas obesas. No prefácio do livro *The Fat Studies Reader*, Marilyn Wann nos diz que "chamar as pessoas gordas de 'obesas' medicaliza a diversidade humana" e que "medicalizar a diversidade inspira uma busca inapropriada por uma 'cura' para a diferença que ocorre naturalmente". Isso ecoa Foucault. Kathleen LeBesco compara a obesidade à homossexualidade — um fenômeno que ocorre naturalmente e que não precisa de cura.

Apesar da evidência de que a obesidade aumenta o risco de doenças graves e de morte prematura, LeBesco também especula que as pessoas obesas que acham que o seu peso é um problema foram condicionadas a aceitar a sua opressão:

> O fato de pessoas gordas e *queer* abraçarem com entusiasmo a ciência e a medicina como solução para os seus problemas socialmente construídos é evocativo da síndrome de Estocolmo. Afinal, a ciência e a medicina têm servido há muito tempo de meio de opressão de

ESTUDOS SOBRE DEFICIÊNCIA E SOBRE O CORPO GORDO

pessoas gordas e *queer*, apresentando argumentos que patologizam o indivíduo homossexual ou "obeso" (seja a mente ou o corpo).

Enfatizar o valor da saúde é considerado uma ideologia problemática denominada *salutarismo*. O salutarismo é reforçado pelo *nutricionismo*, que é um enfoque aparentemente excessivo na relevância do valor nutricional dos alimentos e o seu impacto na saúde.

Também existem áreas "críticas" referentes aos estudos de dietética e nutrição que envolvem Justiça Social Crítica e não dieta e nutrição. Em vez de usar a ciência para entender a dieta e a nutrição e as suas implicações para a saúde, os dietistas críticos "optaram por envolver a poesia como uma maneira de 'produzir uma cultura orientada para a práxis' e perturbar o *status quo*". Eles preconizam um "repensar de como as atitudes dietéticas em relação à gordura e ao gênero desempenham um papel na legitimação e na construção da ciência".

Ao mesmo tempo que a abordagem Health at Every Size parou bruscamente de negar a ciência médica e, em vez disso, interpretou estudos médicos para afirmar que a pessoa pode ser saudável com qualquer peso, o livro *Critical Dietetics and Critical Nutrition Studies* descreve a ciência como não mais útil do que qualquer outra abordagem para o entendimento de alimentos, nutrição, dieta e gordura:

> Embora não rejeitemos totalmente o método científico como meio de criar conhecimento sobre o mundo, uma orientação crítica rejeita a noção de que é possível produzir conhecimento que seja objetivo, isento de valores e intocado pelo viés humano. Uma orientação crítica também rejeita a ideia de que alguma maneira de criar conhecimento sobre o mundo é superior a outra ou mesmo adequada. (...) Assim, [a dietética crítica] se baseia no pós-estruturalismo e na ciência feminista (duas outras janelas), que defendem que não há uma verdade que pode ser gerada a respeito de qualquer coisa, que múltiplas verdades são possíveis dependendo de quem está perguntando e com que propósito, e que o conhecimento não é apolítico mesmo que seja considerado positivista (isto é, valor neutro ou imparcial).

Isso é uma rejeição explícita da realidade objetiva. O "pós-estruturalismo e a ciência feminista" são usados para preterir a evidência claríssima de que a nutrição desempenha um papel significativo na saúde e que a obesidade aumenta o risco de doenças cardíacas, diabetes e diversos tipos de câncer — sem falar em síndrome do ovário policístico, problemas nas articulações, problemas de mobilidade e problemas respiratórios — e está bastante associada à morte prematura. Esse negacionismo em relação à saúde também é a abordagem adotada por Cooper. Ela defende a "justiça em pesquisa", em que estudos empíricos sobre obesidade podem ser trocados à vontade pelo "saber corporificado da comunidade", para "revelar o saber que já foi gerado por pessoas gordas".

ESTUDO ACADÊMICO COMO GRUPO DE APOIO

Os estudos sobre o corpo gordo e o ativismo gordo parecem ter começado em diversos lugares, em épocas diferentes, e possuem muitas vertentes. Além das suas origens no feminismo lésbico radical, o ativismo gordo inclui um enaltecedor movimento de positividade corporal, uma campanha ambígua mas popular de Health at Every Size e (recentemente) um ramo de feminismo *queer* interseccional com a sua própria Teoria.

A popularidade dessas abordagens sugere que há uma necessidade de algum tipo de proteção e comunidade para pessoas obesas. O ativismo gordo poderia ter um papel importante a desempenhar na sociedade se pudesse combater a discriminação e o preconceito contra as pessoas obesas e fornecer uma rede de apoio sem cair no construtivismo social radical, na paranoia e no negacionismo científico.

Infelizmente, na atualidade, os estudos sobre o corpo gordo estão entre as formas mais irracionais e ideológicas do academicismo-ativismo nos estudos identitários. Recém-chegados à cena, esses estudos incorporaram tantas formas existentes de Teoria orientada pela identidade que realmente não possuem uma estrutura própria consistente. São confusos e desconcertantes, e incluem as Teorias crítica da raça, feminista e *queer*, enquanto tecem uma retórica anticapitalista e ideias tiradas dos estudos sobre deficiência. Os estudos sobre o corpo gordo procuram se associar com formas de ativismo e academicismo que abordam o preconceito contra as pessoas com base em características imutáveis como raça, sexo e sexualidade, mas ignoram a evidência de que a obesidade geralmente não é imutável: ela é o resultado de comida em excesso.

Uma forma produtiva de ativismo gordo poderia trabalhar contra a ideia de que comida em excesso é simplesmente o resultado de falta de disciplina ou de gula, e analisar as questões psicológicas e fisiológicas que tornam esse problema difícil de superar para muitos — mas essa não é abordagem adotada pelos estudos sobre o corpo gordo. Em vez disso, eles adotaram o princípio do conhecimento pós-moderno e o princípio político pós-moderno e aplicaram os quatro temas pós-modernos em uma abordagem que mais se assemelha a um grupo de apoio do que a uma disciplina acadêmica rigorosa.

O ativismo gordo também pode ser criticado por solapar outras formas de ativismo ao tentar reivindicar parentesco com eles. Por exemplo, a ideia de que a obesidade é como a homossexualidade pode ameaçar a recente visão corriqueira de que a homossexualidade é natural e perfeitamente saudável. Sem dúvida, também é injusto acusar pessoas obesas de síndrome de Estocolmo ou gordofobia internalizada se estiverem infelizes por terem sobrepeso.

Acima de todas as outras críticas, porém, está o fato de que essa forma de ativismo gordo é potencialmente perigosa. Aqueles que têm dificuldade em controlar o peso e, como consequência, sofrem de baixa autoestima podem ser encorajados a rejeitar as evidências médicas de que a obesidade é um problema sério de saúde. Se o ativismo gordo alcançar o mesmo *status* do ativismo feminista e antirracista, os médicos, cientistas e pesquisadores poderão hesitar em fornecer informações médicas factuais sobre a obesidade e, como consequência, os indivíduos obesos não serão capazes de fazer escolhas inteligentes a respeito da sua saúde.

Os estudos sobre o corpo gordo encontraram um lugar dentro das diversas áreas de estudo que podem ser chamadas coletivamente de *estudos acadêmicos sobre Justiça Social Crítica*. Essas áreas variam amplamente, embora tenham o suficiente em comum para serem identificáveis de imediato: em geral, são chamadas de "estudos críticos X" ou "estudos X", em que o X é tudo o que querem reclamar, romper e modificar, utilizando a Teoria Crítica e os princípios do conhecimento pós-moderno e político pós-moderno (construtivismo crítico, ou seja, o pós-modernismo aplicado). Apesar de abordar uma variedade de preocupações que abrangem quase todos os empreendimentos humanos, elas compartilham um elemento comum: uma forma da Teoria que trata os pressupostos pós-modernos subjacentes como *objetivamente reais*.

Dirigimos agora a nossa atenção para essa Teoria.

CAPÍTULO 8

Estudo acadêmico e pensamento sobre Justiça Social Crítica

TORNANDO A TEORIA VERDADEIRA

Na primeira fase do pós-modernismo (de 1965 a 1990, aproximadamente), o princípio do conhecimento pós-moderno e o princípio político pós-moderno foram usados apenas para desconstruir. Na segunda fase (de 1990 a 2010), eles viraram pós-modernismo aplicado e o pós-modernismo fragmentou-se em Teoria pós-colonial, Teoria *queer*, Teoria crítica da raça, feminismo interseccional, estudos sobre deficiência e estudos sobre o corpo gordo.

Desde 2010, após décadas de crescimento e desenvolvimento na academia e no ativismo, os princípios, os temas e as asserções da Teoria se tornaram *contextos óbvios* — ideias pressupostas tacitamente como afirmações verdadeiras a respeito do mundo. A sociedade, composta por sistemas específicos de poder e privilégio baseados em identidade, mas invisíveis, que constroem conhecimento por meio do discurso, é agora considerada por acadêmicos e ativistas ligados à justiça social uma assertiva objetivamente verdadeira acerca da sociedade.

Parece uma metanarrativa, não?

Porque de fato o é. A dúvida pós-moderna original de que qualquer conhecimento pode ser confiável foi pouco a pouco transformada em certeza completa de que o conhecimento é construído a serviço do poder, que está enraizado na identidade, e que isso pode ser descoberto por meio de leituras atentas de como usamos a linguagem. O estudo acadêmico sobre Justiça Social Crítica fala continuamente sobre como o patriarcado, a supremacia branca, o imperialismo, a cisnormatividade, a heteronormatividade, o capacitismo e a gordofobia estão realmente estruturando a sociedade e infectando tudo. Eles estão sempre presentes, logo abaixo da superfície. Precisam ser constantemente identificados, condenados e desmontados, para que possamos corrigi-los.

ESTUDO ACADÊMICO E PENSAMENTO SOBRE JUSTIÇA SOCIAL CRÍTICA

Os textos da Justiça Social Crítica — que constituem uma espécie de Evangelho da Justiça Social Crítica — expressam, com absoluta certeza, que todos os brancos são racistas, todos os homens são sexistas, o racismo e o sexismo são sistemas que podem existir e oprimir mesmo sem uma única pessoa com intenções racistas ou sexistas, o sexo não é biológico e existe em um espectro, a linguagem pode ser violência literal, a negação da identidade de gênero está matando pessoas, o desejo de remediar a deficiência e a obesidade é odioso e tudo precisa ser descolonizado.

Essa abordagem desconfia de categorias e fronteiras e procura obscurecê-las. Ela se concentra fortemente na linguagem como meio de criar e perpetuar desequilíbrios de poder. Exibe um profundo relativismo cultural, enfoca grupos marginalizados e dedica pouco tempo aos princípios universais ou à diversidade intelectual individual. Esses são os quatro temas do pós-modernismo, e são centrais para os meios e a ética do estudo acadêmico sobre Justiça Social Crítica. No novo estudo acadêmico sobre Justiça Social Crítica, os princípios e os temas da Teoria se tornaram muito mais simples e diretos, porque foram *reificados* — tornados concretos e reais.

O estudo acadêmico sobre Justiça Social Crítica não se enquadra perfeitamente em nenhuma categoria da Teoria. Ele utiliza todos os princípios e temas conforme a necessidade, problematizando continuamente a sociedade e até aspectos de si mesmo, e obedecendo a apenas uma regra de ouro: a própria Teoria nunca pode ser negada, porque a Teoria é real. O estudo acadêmico sobre Justiça Social Crítica se tornou uma espécie de Teoria de Tudo, um conjunto de Verdades inquestionáveis com um V maiúsculo, e o único método verdadeiro para compreendê-las e agir de acordo com elas.

Pós-modernismo em evolução

Conforme essas Teorias se desenvolveram no final da década de 1990 e durante os anos 2000, tornaram-se mais interseccionais. Em meados dos anos 2000, se a pessoa estudasse um dos tópicos principais — sexo, identidade de gênero, raça, sexualidade, *status* imigratório, indigeneidade, *status* colonial, deficiência, religião ou peso —, esperava-se que ela levasse em consideração todos os outros. Embora os acadêmicos pudessem ter focos específicos, houve muita mistura e fusão. Isso resultou em uma forma de estudo acadêmico geral que analisa "grupos marginalizados" e sistemas múltiplos de poder e privilégio.

Como esses grupos marginalizados se uniram e as diversas correntes de pensamento se fundiram, os acadêmicos e os ativistas ligados à Justiça Social Crítica

(IN)JUSTIÇA SOCIAL

também se tornaram muito mais confiantes nas suas ideias. No início da década de 2010, a ambiguidade e a dúvida típicas do pós-modernismo tinham desaparecido quase por completo e, com elas, a linguagem densa e obscura. Na década de 2010, a linguagem, embora ainda técnica, era muito mais forte. Consistia em palavras de convicção.

A Justiça Social Crítica emprega a identidade como uma lente através da qual determina o que é verdade. Portanto, desde 2010, grande parte do estudo acadêmico é rotulado de "feminista", "*queer*" etc., *epistemologia* (o estudo da natureza do conhecimento) ou *pedagogia* (o estudo dos métodos de ensino). Quase todo estudo acadêmico sobre Justiça Social Crítica está preocupado com o que é dito, com o que se acredita, com o que é presumido, com o que é ensinado, com o que é transmitido, e afirma que vieses são importados mediante o ensino, os discursos e os estereótipos.

Todo esse estudo acadêmico parte da ideia de que a sociedade é composta de sistemas de poder e privilégio mantidos na linguagem, e esses sistemas criam conhecimento a partir das perspectivas dos privilegiados e negam as perspectivas dos marginalizados.

Uma miscelânea de novos termos

Quando uma ideologia começa a se consolidar, os seus adeptos percebem que precisam ser capazes de provar que ela se baseia na realidade. Para fazer isso, desenvolvem sistemas de *epistemologia*, ou seja, teorias de como o conhecimento é produzido e compreendido.

Por exemplo, na década de 1980, a filosofia feminista desenvolveu diversas epistemologias, incluindo o empirismo feminista, a teoria do ponto de vista e o ceticismo radical pós-moderno. O empirismo feminista afirma que a ciência costuma funcionar corretamente, porém, antes do feminismo, era cheia de vieses em relação aos homens, o que a impedia de ser objetiva. Esse método saiu de moda na década de 1990. O segundo e o terceiro métodos utilizam o princípio do conhecimento pós-moderno — o fato de que o conhecimento deriva da identidade. Atualmente, eles constituem a espinha dorsal da abordagem interseccional da epistemologia e, desde 2010, são as correntes predominantes.

Em 2007, Miranda Fricker criou o termo *injustiça epistêmica* no seu livro *Epistemic Injustice: Power and the Ethics of Knowing*. A injustiça epistêmica ocorre quando a capacidade de alguém de saber é afrontada ou posta em dúvida. De acordo com Fricker, isso pode acontecer de diversas maneiras:

ESTUDO ACADÊMICO E PENSAMENTO SOBRE JUSTIÇA SOCIAL CRÍTICA

- Quando um indivíduo não é reconhecido como alguém que *pode* saber algo.
- Quando o seu conhecimento não é reconhecido como válido.
- Quando ele é impedido de saber algo.
- Quando o seu conhecimento não é compreendido.

Fricker divide a injustiça epistêmica em *injustiça testemunhal* — quando as pessoas não são consideradas confiáveis por causa da sua identidade — e *injustiça hermenêutica* — quando o conhecimento especializado de alguém não pode ser compreendido.

A análise de Fricker não está totalmente errada. As pessoas costumam confiar no conhecimento de alguns indivíduos ou grupos mais do que no de outros, o que em certas ocasiões pode ocorrer devido a preconceitos sociais (por exemplo, racismo) e não devido ao grau real de qualificação dessas pessoas. Além disso, membros de grupos marginalizados às vezes são alienados do conhecimento relacionado à sua identidade. Por exemplo, lésbicas e *gays* em comunidades pequenas, nas quais a homossexualidade não é discutida, podem achar difícil entender a própria sexualidade, e ateus podem ter dificuldade para compreender a própria falta de fé se nunca ouviram falar de descrença abertamente.

Fricker considerava esses problemas como criados e enfrentados por *indivíduos*, e não por *grupos*. A sua abordagem individualista não caiu bem entre os pós-modernos da Justiça Social, que a criticaram por ser excessivamente simplista e por desprezar a necessidade de uma mudança estrutural generalizada. Desde então, os acadêmicos utilizaram, expandiram e reorientaram a obra dela, retratando a injustiça como algo que acontece a grupos sociais e é provocada pelo poder social.

A obra de Fricker levou a uma explosão de novos termos. Em 2014, Kristie Dotson expandiu e recontextualizou o conceito de injustiça epistêmica de Fricker, que ela percebe como um aspecto superficial de um problema maior baseado em grupos identitários a que chama de *opressão epistêmica*. Dotson afirma que essa forma de opressão ocorre quando os conhecimentos e os métodos de produção de conhecimento, que dizem ser utilizados por grupos marginalizados, não estão incluídos na nossa compreensão habitual do conhecimento. Alguns acadêmicos e ativistas utilizaram esse raciocínio para defender a sabedoria popular e a bruxaria factualmente imprecisas.

O trabalho de Dotson sobre opressão epistêmica foi uma continuação do seu trabalho anterior (de 2011) acerca de *violência epistêmica* — isto é, ter o conhecimento cultural de uma pessoa reprimido por aquele de uma cultura dominante.

O termo *exploração epistêmica* foi criado em 2010 por Nora Berenstain para descrever a injustiça provocada quando se espera que as pessoas marginalizadas compartilhem o seu conhecimento. Portanto, pode ser considerado um ato de opressão não se esforçar para compreender um conhecedor marginalizado nos seus próprios termos *e* um ato de exploração pedir a um conhecedor marginalizado que explique o seu conhecimento para você.

Em 2013, o Teórico José Medina criou o termo melodramático, *morte hermenêutica*, que descreve um mal-entendido tão sério que destrói o senso de *self* da pessoa. No extremo oposto desse espectro, situa-se o conceito de *privacidade hermenêutica*, que descreve o direito de não ser absolutamente compreendido.

Assim, os indivíduos marginalizados podem ser oprimidos até o ponto da morte psíquica por não serem compreendidos, mas o seu direito de serem completamente incompreensíveis também deve ser respeitado. Mais uma vez, vemos a impossibilidade de acertar.

A *injustiça testemunhal* de Fricker inspirou um número crescente de ideias afins, como *traição testemunhal*, *liberdade epistêmica* e *responsabilidade epistêmica*. Poderíamos continuar, mas achamos que você captou a ideia — "conhecimentos" e demandas por respeito a esses "conhecimentos" são o ponto focal em todo o estudo acadêmico sobre Justiça Social Crítica.

O que você sabe é quem você é

Por que a obsessão por conhecimentos e conhecedores? Para contornar métodos mais rigorosos quando a realidade objetiva se interpõe entre eles e os seus objetivos ideológicos.

Para eles, o problema é que as formas científicas de produção de conhecimento pretendem ser objetivas, universais e (principalmente) ter sucesso. Como há explicações científicas para algumas das questões sociais que afetam os grupos identitários, a ciência muitas vezes se considera em desacordo com os princípios pós-modernos, sobretudo a crença de que tudo que é importante é socialmente construído. Não bastasse, muitos filósofos e cientistas identificaram falhas nas suposições, nos métodos e nas conclusões da Teoria e do estudo acadêmico sobre Justiça Social Crítica. A ciência e a razão têm o hábito irritante de revelar as falhas das abordagens Teóricas. Elas são *universais* e, portanto, violam o princípio do conhecimento pós-moderno e o tema pós-moderno de centrar em identidade grupal, em torno dos quais a Justiça Social Crítica se organiza.

ESTUDO ACADÊMICO E PENSAMENTO SOBRE JUSTIÇA SOCIAL CRÍTICA

Como a ciência possui um prestígio muito elevado como produtora confiável de conhecimento — e como pós-modernos de Lyotard a Foucault a depreciaram como um discurso do poder durante décadas —, os acadêmicos e os ativistas ligados à Justiça Social Crítica a veem com grande suspeita. Eles racionalizam isso apontando para o fato de que a ciência e a razão têm sido historicamente usadas para apoiar injustiças. Afirmações como essa costumam se referir a períodos da ciência muito anteriores — citando, por exemplo, argumentos pseudocientíficos do século XIX em apoio ao colonialismo que agora são totalmente rejeitados. Eles também suspeitam da ciência porque ela descobriu coisas que não estão em conformidade com as ideias socioconstrutivistas, tal como as diferenças entre homens e mulheres.

Em vez da ciência, o estudo acadêmico sobre Justiça Social Crítica muitas vezes defende "outras maneiras de saber", resultantes das interpretações Teóricas de experiências vividas profundamente sentidas. Ele sustenta que a razão e o conhecimento baseado em evidências são *injustamente* favorecidos em relação à tradição, ao folclore, à interpretação e à emoção por causa dos desequilíbrios de poder contidos neles. A Teoria enxerga as evidências e a razão como propriedade cultural dos homens brancos ocidentais, ignorando como essa visão é racista e sexista.

O conceito de conhecimento experiencial não é desprovido de mérito. Com frequência, é mais importante saber como as coisas são sentidas do que quais são os fatos em questão. Por exemplo, se o pai de uma amiga morreu de ataque cardíaco, queremos saber como ela está se sentindo e como podemos ajudá-la no seu luto, em vez de esmiuçarmos a informação médica factual sobre ataques cardíacos. Existem fatos importantes sobre ataques cardíacos e precisamos de informação precisa a respeito deles, mas esse conhecimento não pode ser obtido sofrendo um ataque cardíaco ou perdendo um ente querido por um ataque cardíaco. Às vezes, precisamos mostrar empatia pela pessoa que perdeu o seu ente querido por um ataque cardíaco, e às vezes precisamos consultar um cardiologista.

Apesar de os pós-modernos tratarem essa ideia como se fosse nova e profunda, a divisão entre fatos e experiência não é particularmente misteriosa para os filósofos fora do pós-modernismo: é a diferença entre saber *isso* e saber *como*. "Saber isso" é conhecimento proposicional, ao passo que "saber como" é conhecimento experiencial. O problema não é que essa divisão exista ou que haja informações valiosas em ambos os lados dela. Os problemas surgem quando deixamos de reconhecer que a interpretação influencia, condiciona e distorce o conhecimento experiencial — às vezes profundamente — e o torna um guia não confiável para a compreensão dos fenômenos associados.

(IN)JUSTIÇA SOCIAL

Essa confusão constitui a base do argumento de outra Teórica orientada pela Justiça Social Crítica, Alexis Shotwell, que sustenta que "se concentrar no conhecimento proposicional como se fosse a única forma de conhecimento que vale a pena considerar é em si uma forma de injustiça epistêmica. Tal enfoque despreza os recursos epistêmicos que ajudam as pessoas oprimidas a forjar mundos mais justos".

O compromisso de Shotwell com os princípios pós-modernos se confirma quando ela escreve: "Uma descrição mais rica das formas de conhecimento e uma atenção maior às experiências vividas pelas pessoas no mundo nos ajudam a identificar, analisar e reparar as injustiças epistêmicas". Essa é a *teoria do ponto de vista.*

Um tipo diferente de daltonismo

A teoria do ponto de vista funciona com base em dois pressupostos. Um é que as pessoas com a mesma identidade marginalizada — raça, gênero, sexo, sexualidade, *status* de aptidão e assim por diante — terão experiências semelhantes de domínio e opressão e as interpretarão da mesma maneira. O outro pressuposto é que a posição de alguém em uma dinâmica de poder social ("posicionalidade") impõe o que se pode e o que não se pode saber. Os privilegiados são cegados pelo seu privilégio e os oprimidos possuem uma espécie de visão dupla, porque entendem tanto a posição dominante como a experiência de ser oprimido por ela.

Grosso modo, a ideia é que os membros dos grupos oprimidos entendem a perspectiva dominante *e* a perspectiva dos oprimidos, ao passo que os membros dos grupos dominantes entendem apenas a perspectiva dominante. A teoria do ponto de vista pode ser comparada a uma espécie de daltonismo — quanto mais privilegiada uma pessoa é, menos cores ela consegue ver. Um homem branco heterossexual consegue ver apenas tons de cinza. Uma pessoa negra também seria capaz de ver tons de vermelho, uma mulher seria capaz de ver tons de verde, e uma pessoa LGBT seria capaz de ver tons de azul. Uma lésbica negra seria capaz de ver as três cores, além da visão em tons de cinza que todos têm. Acredita-se que os oprimidos possuem uma visão mais rica e precisa da realidade, e, dessa maneira, devemos ouvir e acreditar nos seus relatos sobre ela.

Frequentemente, a teoria do ponto de vista é criticada por essencialismo — por dizer algo como "Todos os negros se sentem assim". Os acadêmicos ligados à Justiça Social Crítica contornam essa acusação alegando que a teoria não pressupõe que todos os membros do mesmo grupo *têm a mesma natureza,* mas que *eles experimentam os mesmos problemas em uma sociedade injusta* (às vezes chamado de "determinismo estrutural"). Afirma-se que os membros desses grupos que discordam da teoria do ponto de vista — ou até negam que são oprimidos — internalizaram a sua opressão (falsa consciência) ou estão adulando para obter favores ou recompensas do sistema dominante ("Pai Tomás" e "informantes nativos"), amplificando os discursos dominantes.

Em outras palavras, a discordância legítima não é uma opção.

Não deveis discordar da Teoria

Uma das coisas mais preocupantes sobre o estudo acadêmico da Justiça Social Crítica é que a discordância raramente é tolerada. Na melhor das hipóteses, a discordância costuma ser considerada uma incapacidade de engajamento correto com o estudo acadêmico — se você tivesse se engajado corretamente, certamente concordaria — e, na pior, uma falha moral profunda. A ideologia religiosa funciona de maneira semelhante: se você não acredita, não leu direito o texto sagrado ou simplesmente quer pecar.

Cuidar da justiça na sociedade não é um problema — na verdade, é necessário. Também não é inerentemente um problema se ideias ruins ganham popularidade na academia. Afinal, o conhecimento avança quando os nossos centros de aprendizagem dão espaço a todos os tipos de ideias, para que possam ser examinadas, testadas e criticadas. Algumas das ideias mais bem estabelecidas de hoje — como a teoria cosmológica do "Big Bang" — foram consideradas malucas e antiéticas no passado.

No entanto, é um problema quando uma escola de pensamento se recusa a submeter as suas ideias a um escrutínio, rejeita qualquer tipo de análise por princípio e assevera que qualquer tentativa de sujeitá-la a uma crítica cuidadosa é imoral, falsa e prova de que está correta.

Para uma melhor noção desse problema, consideremos três exemplos de estudo acadêmico sobre Justiça Social Crítica da década de 2010.

> **Exemplo 1:** *Being White, Being Good: White Complicity, White Moral Responsibility, and Social Justice Pedagogy,*
> de Barbara Applebaum (2010)

(IN)JUSTIÇA SOCIAL

Neste livro, a educadora Barbara Applebaum sustenta que todos os brancos são racistas ou cúmplices do racismo (geralmente ambos), por causa da sua participação no sistema de poder e privilégio descrito pela Teoria crítica da raça. O seu livro não é muito conhecido pelo público em geral, mas é um modelo em círculos das Teorias críticas da branquitude e da educação, porque promove a ideia de que todos os brancos têm o privilégio branco (um conceito que remonta a 1989 e à virada para o pós-modernismo aplicado) e insiste que todos os brancos são, portanto, ativamente cúmplices do racismo. Ela escreve:

> Os estudantes brancos costumam supor que a responsabilidade começa e termina com a consciência do privilégio. No entanto, ao admitir ou confessar o privilégio, os estudantes brancos são realmente capazes de evitar a admissão da sua cumplicidade no racismo sistêmico.

Ou seja, confessar o privilégio branco não é suficiente. Os estudantes brancos devem aceitar a sua cumplicidade no racismo sistêmico simplesmente porque são brancos. Eles aprenderam, internalizaram e perpetuam continuamente o racismo mesmo sem o saber. Applebaum também observa que esse privilégio não pode simplesmente ser renunciado ou "verificado".

Se isso o faz lembrar a noção de Foucault de discursos poderosos atuando por meio de todos na sociedade, você tem razão. "Parte integrante do entendimento de como o discurso funciona é a noção de poder foucaultiana", Applebaum escreve. "Não só o discurso é o prisma através do qual a realidade ganha sentido", ela diz, "mas o poder também atua por meio do discurso para constituir sujeitos".

Mais uma vez, temos essa imagem do poder funcionando como uma rede, por meio das pessoas posicionadas nela, cada uma atuando e falando de acordo com as suas diretrizes — um pouco como (alerta *nerd*!) a colmeia dos Borg de *Jornada nas estrelas*.

Applebaum exige que as pessoas acreditem nesse paradigma, mas é rápida em assinalar que não está proibindo *tecnicamente* a discordância. Ela escreve:

> Uma pessoa pode discordar e permanecer envolvida com o material, por exemplo, fazendo perguntas e procurando esclarecimento e compreensão. No entanto, as negações funcionam como uma maneira de se distanciar do material e se retirar sem envolvimento.

ESTUDO ACADÊMICO E PENSAMENTO SOBRE JUSTIÇA SOCIAL CRÍTICA

Assim, um indivíduo pode fazer perguntas sobre a tese de Applebaum e tentar entendê-la, mas a negação (o que geralmente pensamos como discordância) só pode significar que a pessoa não se envolveu com o material o suficiente ou da maneira certa.

Em outras palavras, Applebaum parte do princípio de que a sua tese é verdadeira. Ela tem certeza de que está de posse da Verdade e repreende aqueles que discordam: "O mero fato de que eles podem questionar a existência da opressão sistêmica é uma função do seu privilégio de escolher ignorar discussões de opressão sistêmica ou não". Applebaum não parece estar nem de longe aberta a pessoas que discordem dela. Os seus alunos certamente parecem pensar assim:

Os alunos de cursos que tornam explícita a injustiça sistêmica costumam reclamar nas avaliações dos professores de que não puderam discordar no curso. Frequentemente, eles sustentam que tais cursos doutrinam uma visão específica sobre o racismo que não estão dispostos a aceitar.

Applebaum afirma que discordâncias estudantis como essa devem ser bloqueadas. Ela dá o exemplo de um aluno que questionou a diferença salarial de gênero:

Permitir que ele expresse a sua discordância e gaste tempo tentando desafiar as suas crenças costuma ter um custo para os alunos marginalizados, cujas experiências são (mesmo que indiretamente) descartadas pelas alegações dele.

A Teoria crítica da educação considera que é perigoso permitir aos estudantes que expressem tal discordância, porque acredita que a realidade social e o que é aceito como verdadeiro são construídos pela linguagem — esse é o princípio do conhecimento pós-moderno. A discordância permitiria que os discursos dominantes fossem reafirmados, expressados e ouvidos, o que a Teoria percebe como não seguro. Como Applebaum explica: "A linguagem constitui a nossa realidade, fornecendo a estrutura conceitual a partir da qual o significado é dado". Ela acrescenta: "Mesmo se alguém recuar para a posição em que apenas fala por si mesmo, a sua fala ainda não é neutra e ainda reforça a continuidade dos discursos dominantes por omissão."

Applebaum continua:

(IN)JUSTIÇA SOCIAL

A resistência não poderá atrapalhar as discussões em classe! Claro, aqueles que se recusam a se envolver podem interpretar erroneamente isso como uma declaração de que não poderão expressar a sua discordância, mas isso é só precisamente *porque* estão resistindo ao engajamento.

Como com os Borg de *Jornada nas estrelas*, a resistência é inútil.

Exemplo 2: "Tracking Privilege-Preserving Epistemic Pushback in Feminist and Critical Race Philosophy Classes", de Alison Bailey (2017)

Nesse ensaio, a filósofa Alison Bailey sustenta que qualquer um que discorde do estudo acadêmico sobre Justiça Social Crítica está simplesmente tentando preservar estruturas de poder injustas, a serviço de um sistema de produção de conhecimento que privilegia homens brancos heterossexuais e impede a Justiça Social Crítica. Ela também observa que as raízes da sua abordagem rejeitam o que normalmente é chamado de "pensamento crítico" em favor da Teoria Crítica, que identifica como "neomarxista", partindo de um conjunto de pressupostos que rejeita a abordagem do pensamento crítico em favor da análise baseada no poder.

Ela define isso desta maneira: "A resistência epistêmica de preservação de privilégios é uma variedade da ignorância deliberada que grupos dominantes costumam empregar durante as conversas em que estão tentando tornar as injustiças sociais visíveis". As críticas ao trabalho referente à Justiça Social Crítica são imorais e prejudiciais. Bailey nos diz:

> Eu me concentro nessas respostas de manutenção de terreno porque são abrangentes, tenazes e têm grande semelhança com as práticas de pensamento crítico, e porque acredito que a sua circulação ininterrupta causa danos psicológicos e epistêmicos aos membros dos grupos marginalizados.

Como Bailey presume que as discordâncias em relação ao seu trabalho devem ser fruto de falhas intelectuais e morais, nenhuma discordância pode ser tolerada:

ESTUDO ACADÊMICO E PENSAMENTO SOBRE JUSTIÇA SOCIAL CRÍTICA

Tratar a resistência epistêmica de preservação de privilégios como uma forma de engajamento crítico valida e permite que ela circule mais livremente; isso, como discutirei posteriormente, pode causar violência epistêmica aos grupos oprimidos.

Bailey se refere às discordâncias com a Justiça Social Crítica como "textos sombra", para sugerir que as críticas escritas à Justiça Social Crítica não são estudos acadêmicos reais. A imagem de *textos sombra*, segundo Bailey, vem da ideia de um investigador sombreando a sua marca: "A palavra 'sombra' evoca a imagem de algo caminhando bem ao lado de outra coisa sem envolvê-la".

Um exemplo que ela dá de um texto sombra envolve uma aluna sustentando que alguém pode *mencionar* um insulto racista para discuti-lo sem *usá-lo* como insulto. Bailey responde:

> Estamos discutindo racismo institucional. Jennifer, aluna branca de filosofia, compartilha uma história sobre uma pichação racista que usa a palavra "n----". Ela diz a palavra animando-a com aquele gesto de entre aspas para sinalizar que a está mencionando. Peço a Jennifer que considere a história da palavra e como ela pode significar algo diferente vindo de bocas brancas. Peço a ela que não a use. Ela dá uma miniaula para a classe sobre a distinção entre uso e menção, lembrando-me de que "é um conceito fundamental em filosofia analítica" e que é "perfeitamente aceitável mencionar, mas não usar a palavra em discussões filosóficas". (...) Caso Jennifer continue a usar conceitos filosóficos a serviço de uma recusa mais ampla de entender a história desumanizante da palavra "n----", então "Eu mencionei, mas não usei a 'palavra n----'" é um texto sombra.

Em vez de considerar o argumento, Bailey presume que Jennifer está tentando preservar o privilégio branco. Então, ela usa a aluna como um exemplo de fracasso em relação ao envolvimento genuíno.

"Aprender a reconhecer textos sombra pode oferecer atrito epistêmico: eles ajudam a classe a se concentrar no que os textos sombra fazem, em vez de apenas no que dizem", Bailey escreve. Ou seja, ela está orientando os alunos nas suas aulas de filosofia a não se envolverem com o argumento com que estudantes como Jennifer se envolvem, mas sim a reconhecerem qual discurso de poder eles podem estar alimentando. Bailey ensina os alunos, nas suas aulas de filosofia, a

(IN)JUSTIÇA SOCIAL

identificar as visões contrárias como resistência à Justiça Social Crítica e como uma espécie de "ignorância". Ela acha que quando as pessoas discordam é porque algo "desencadeou a resistência". Ela acrescenta:

> Peço aos alunos que considerem como a identificação dos textos sombra pode ajudar a rastrear a produção da ignorância. (...) É essencial para eles compreender que o rastreamento da ignorância requer que a nossa atenção se concentre não em alguns indivíduos problemáticos, mas no aprendizado para identificar padrões de resistência e vincular hábitos que produzem ignorância a uma recusa estratégica da compreensão.

Como Applebaum, Bailey tem certeza da sua própria correção e da necessidade de reeducar e bloquear qualquer um que discorde dela. Isso marca uma mudança significativa em relação ao ceticismo radical dos primeiros pós-modernos, mas está de acordo com a maneira pela qual os princípios pós-modernos e a sua aplicação evoluíram ao longo do último meio século, à medida que incorporaram cada vez mais Teoria Crítica.

Exemplo 3: *Não basta não sermos racistas, sejamos antirracistas,* de Robin DiAngelo (2018)

Neste livro, a professora de "estudos de branquitude", Robin DiAngelo, desenvolve o conceito de "fragilidade branca" que ela expôs pela primeira vez em um artigo bastante citado com esse título em 2011. Ela começa esse artigo com uma forte afirmação de verdade objetiva:

> Os brancos na América do Norte vivem em um ambiente social que os protege e os isola do estresse racial. Esse ambiente isolado de proteção racial forja expectativas brancas de bem-estar racial, e, ao mesmo tempo, reduz a capacidade de tolerância ao estresse racial, levando ao que eu chamo de Fragilidade Branca.

Por si só, esse seria um *insight* útil que levaria os brancos a refletir com mais profundidade sobre os seus preconceitos possivelmente inconscientes. No entanto,

130

ESTUDO ACADÊMICO E PENSAMENTO SOBRE JUSTIÇA SOCIAL CRÍTICA

DiAngelo continua a insistir que a sociedade está impregnada pela supremacia branca e que qualquer discordância com as suas ideias é o resultado de uma fraqueza que foi socializada em pessoas brancas por meio do privilégio delas:

> A fragilidade branca é um estado em que até uma quantidade mínima de estresse racial se torna intolerável e desencadeia uma variedade de movimentos defensivos. Esses movimentos incluem a exibição externa de emoções como raiva, medo e culpa, e comportamentos como argumentação, silêncio e abandono de uma situação indutora de estresse.

Quaisquer sentimentos negativos a respeito de ter o perfil traçado racialmente e ser responsabilizado por uma sociedade racista são considerados como sinais de ser "frágil". Os brancos são beneficiários cúmplices do racismo e da supremacia branca. A discordância não é permitida. DiAngelo é bem explícita sobre isso ao dizer que discordar, permanecer em silêncio e ir embora são evidências de fragilidade. A única maneira de a pessoa evitar ser "frágil" é permanecer sentada, não mostrar emoções negativas e concordar com A Verdade. Depois, a pessoa deve aprender ativamente a como desconstruir a branquitude e o privilégio branco, que é cobrado como o trabalho necessário de "antirracismo".

DiAngelo, ela mesma uma mulher branca, afirma que todos os brancos são racistas e que é impossível não o ser, por causa dos sistemas de discursos racistas poderosos no meio dos quais nasceram. Ela insiste que todos os brancos são cúmplices na falta de outra opção e responsáveis por lidar com esses sistemas.

No livro que tem como base o seu artigo, ela sustenta que não importa se os brancos individualmente são boas pessoas que desprezam o racismo e não têm consciência de ter quaisquer preconceitos racistas:

> Ser bom ou mau não é relevante. O racismo é um sistema de múltiplas camadas integrado na nossa cultura. Todos nós somos socializados no sistema de racismo. O racismo não pode ser evitado. Os brancos têm pontos cegos em relação ao racismo e eu tenho pontos cegos em relação ao racismo. O racismo é complexo e não preciso entender todas as nuances para validá-lo. Os brancos estão, assim como eu, investidos inconscientemente no racismo. O preconceito está implícito e é inconsciente.

DiAngelo escreve como uma pessoa branca se dirigindo a outras pessoas brancas, e insiste que "nós" devemos ver o mundo do jeito que ela vê:

> Este livro está enraizado assumidamente na política identitária. Sou branca e estou me dirigindo à dinâmica comum dos brancos. Estou escrevendo principalmente para um público branco; quando uso o termo nós, estou me referindo ao coletivo branco.

Para Teóricos como DiAngelo, os brancos são "socializados em um sentimento de superioridade profundamente internalizado de que não temos consciência ou que nunca podemos admitir para nós mesmos". Brancos devem apenas se tornar mais conscientes da sua relação com o poder e enfrentar isso com essa consciência.

DiAngelo também rejeita os princípios liberais do individualismo e do "daltonismo" — o fato de que a raça de uma pessoa é irrelevante para o seu valor, como Martin Luther King Jr. afirmou. De acordo com a Justiça Social Crítica, os valores liberais são racistas porque permitem que os brancos se escondam das "realidades" do próprio racismo e da supremacia branca. DiAngelo afirma:

> Para desafiar as ideologias do racismo, como o individualismo e o daltonismo, nós, como brancos, devemos suspender a nossa percepção de nós mesmos como raça única e/ou de fora. Explorar a nossa identidade racial coletiva interrompe um privilégio básico de domínio — a capacidade de se ver apenas como um indivíduo.

As ideias de DiAngelo, possivelmente mais do que quaisquer outras, romperam os limites da academia e se popularizaram. O livro *Não basta não ser racista* foi um *best-seller* do *New York Times* por quase três anos e vendeu mais de um milhão de exemplares.

Tornando reais os princípios e temas pós-modernos

O estudo acadêmico sobre Justiça Social Crítica não se vale apenas dos dois princípios pós-modernos e dos quatro temas pós-modernos: ele os trata como a Verdade com V maiúsculo, moralmente correta. Portanto, o estudo acadêmico e o ativismo orientados pela Justiça Social Crítica constituem uma terceira fase distinta do pós-modernismo, a que chamamos de *pós-modernismo reificado*,

ESTUDO ACADÊMICO E PENSAMENTO SOBRE JUSTIÇA SOCIAL CRÍTICA

porque trata as ideias abstratas do pós-modernismo como se fossem verdades reais acerca da sociedade.

Para entender como as três fases do pós-modernismo se desenvolveram, imagine uma árvore com raízes profundas na teoria social da esquerda radical. A primeira fase, ou *fase altamente desconstrutiva*, desde a década de 1960 até a década de 1980 (em geral, chamada simplesmente de "pós-modernismo"), nos deu o tronco da árvore: a Teoria. A segunda fase, da década de 1980 até meados dos anos 2000, a que chamamos de *pós-modernismo aplicado*, nos deu os ramos: as Teorias e os estudos mais aplicáveis, incluindo a Teoria pós-colonial, a Teoria *queer*, a Teoria crítica da raça, os estudos de gênero, os estudos sobre o corpo gordo, os estudos sobre deficiência e muitos outros estudos "críticos". Na terceira fase, iniciada em meados dos anos 2000, a Teoria deixou de ser uma suposição para ser A Verdade. Isso nos dá as folhas da árvore do estudo acadêmico sobre Justiça Social Crítica, que associa as abordagens anteriores conforme necessário.

O estudo acadêmico sobre Justiça Social Crítica não só mexe com ideias como "a verdade objetiva não existe" (o princípio do conhecimento pós-moderno) e "a sociedade é construída por meio da linguagem por discursos concebidos para manter os dominantes no poder sobre os oprimidos" (o princípio político pós-moderno), como fizeram os primeiros pós-modernos. Ele trata essas ideias como A Verdade e espera que todos concordem ou sejam "cancelados". Os quatro temas pós-modernos também são tratados como facetas de A Verdade Segundo a Justiça Social Crítica. A indefinição de fronteiras e o relativismo cultural típicos das Teorias do pós-modernismo aplicado foram desenvolvidas ainda mais, e a identidade grupal é tratada como uma parte tão integrante do funcionamento da sociedade que aqueles envolvidos na Justiça Social Crítica elevaram a política identitária grupal a níveis extremos.

Vejamos a contradição no cerne do pós-modernismo reificado de terceira fase: como pessoas inteligentes podem ser radicalmente céticas e relativistas radicais e ainda defender a Justiça Social Crítica com tanta certeza?

A resposta parece ser que o ceticismo e o relativismo do princípio do conhecimento pós-moderno são atualmente interpretados de uma maneira mais restritiva: considera-se impossível que os seres humanos obtenham conhecimento confiável empregando evidência e razão, mas conhecimento confiável pode ser obtido ouvindo a "experiência vivida" dos membros dos grupos marginalizados — ou, mais precisamente, as interpretações das pessoas marginalizadas das próprias experiências vividas, desde que sejam devidamente matizadas pela Teoria.

(IN)JUSTIÇA SOCIAL

Mas o que devemos fazer quando diferentes membros do mesmo grupo marginalizado — ou membros de diferentes grupos marginalizados — oferecem interpretações conflitantes das suas "experiências vividas"? A resposta do senso comum é que pessoas diferentes têm experiências diferentes, interpretações diferentes e que não há contradição lógica nisso, porém, isso é incompatível com a Justiça Social Crítica. A epistemologia da Justiça Social Crítica alega que essas "experiências vividas" revelam verdades objetivas acerca da sociedade e não simplesmente as crenças de algumas pessoas sobre as suas experiências.

Às vezes, os acadêmicos ligados à Justiça Social Crítica tentam usar a resposta radicalmente relativista — que duas ou mais afirmações contraditórias podem ser simultaneamente verdadeiras —, mas isso não faz muito sentido. Pelo contrário, eles parecem selecionar certas interpretações favorecidas da experiência de pessoas marginalizadas (aquelas em consonância com a Teoria) e chamá-las de "autênticas". A explicação para quem discorda é que tem interesse próprio ou internalizou ideologias dominantes.

Isso torna a Teoria da Justiça Social Crítica completamente infalsificável e, em termos filosóficos, irrevogável. Seja qual for a evidência acerca da realidade (física, biológica e social) ou o argumento filosófico que possa ser apresentado, a Teoria sempre pode explicar e sempre explica. Essa forma de se colocar não está muito longe do que vemos nos cultos apocalípticos que preveem o fim do mundo em um dia específico, mas, quando o dia do suposto apocalipse passa sem intercorrências, em vez de admitirem o erro, inventam histórias para explicar por que as suas crenças ainda são verdadeiras — a espaçonave vinda para destruir a Terra realmente veio, mas os extraterrestres mudaram de ideia quando viram a devoção dos membros do culto. Ou algo do tipo.

Infelizmente, a Teoria não ficou apenas nas universidades. Após se tornar aplicado na segunda fase, depois reificado na terceira fase, o pós-modernismo sob a forma de Justiça Social Crítica deixou as universidades e se difundiu por meio dos diplomados e das redes sociais e do jornalismo ativista. Tornou-se uma força cultural significativa com uma influência enorme — e muitas vezes negativa — na política. Pode parecer um tipo obscuro e peculiar de teorização acadêmica, mas não pode ser ignorado.

O que tudo isso significa? O que vai acontecer a seguir? E o que precisa ser feito a respeito disso? Os dois últimos capítulos deste livro tratarão dessas questões.

CAPÍTULO 9

Justiça Social Crítica em ação

COLOCANDO EM PRÁTICA O QUE A TEORIA PREGA

A Teoria escapou da academia e foi lançada na cultura mais ampla. Mas como essas ideias obscuras sobre conhecimento, poder e linguagem podem sobreviver fora do ambiente singular da academia e afetar a vida cotidiana? A caixa do supermercado está mesmo lendo Gayatri Spivak na hora do almoço? O seu médico tem devorado a Teoria *queer* no trem? Qual é a probabilidade de o seu técnico de computador ler epistemologia feminista no seu tempo livre ou de o seu comentarista esportivo favorito ser bem versado em Teoria crítica da raça?

Não muita. A maioria das pessoas nunca se envolve com a Teoria diretamente, mas ninguém está mais totalmente a salvo da sua influência. Recentemente, no Reino Unido, um avô deficiente e empacotador chamado Brian Leach foi demitido pelo seu empregador, a rede de supermercados Asda, por compartilhar no Facebook um esquete cômico de Billy Connolly que um dos seus colegas considerou islamofóbico — uma ideia que procede da Teoria pós-colonial. Nos Estados Unidos, o engenheiro de *software* James Damore foi demitido pela Google por escrever um memorando interno acerca de como, em média, homens e mulheres se diferenciam psicologicamente — em uma tentativa de buscar soluções para a disparidade de gênero de quatro homens para uma mulher no setor de tecnologia. Isso resulta da Teoria *queer* e do feminismo interseccional. Nesse ínterim, há um frenesi midiático sobre identidade e representação em Hollywood dia sim, dia não, enquanto médicos em todo o mundo ocidental enfrentam o desafio de aconselhar pacientes obesos sobre a saúde deles sem humilhá-los pelo fato de serem gordos.

Exemplos como estes surgem o tempo todo, mas muitos ainda não acreditam que haja algo com que se preocupar. Eles recordarão que o sr. Leach foi

(IN)JUSTIÇA SOCIAL

readmitido, afirmarão que as opiniões do sr. Damore poderiam reforçar estereótipos, concordarão que existem problemas de representação em Hollywood e salientarão que os médicos realmente deveriam ser mais sensíveis. Sim, eles dirão, nós ouvimos muitas histórias sobre protestos no *campus*, mas os universitários sempre protestaram — é quase um rito de passagem. Na maioria das vezes, são apenas alguns ativistas das universidades de elite que exigem alertas de gatilho, espaços seguros e boicotes de todos que discordam deles.

Diante da ascensão da demagogia, do populismo, do nacionalismo e das correntes anti-intelectuais na direita e do crescimento dos movimentos de extrema-direita em toda a Europa e fora de lá, devemos mesmo nos preocupar com o fato de algumas pessoas estarem demasiado zelosas no seu apoio à igualdade? O terrorismo de extrema-direita está em ascensão, e a "*alt-right*" [direita alternativa] e os "*incels*" [celibatários involuntários] estão proliferando *on-line* e cometendo atos de violência graves na vida real. Será que os esquerdistas liberais não deveriam concentrar a sua atenção nisso?

Sim, mas se recusar a admitir que há problemas na esquerda não ajudará ninguém. O que está acontecendo nas universidades é um problema genuíno. Essas ideias estão afetando o mundo real. Corrigir o problema nas universidades não é um alheamento em relação à luta contra a direita populista e anti-intelectual, mas sim parte imprescindível disso.

O que está acontecendo nas nossas universidades e por que isso é importante?

O estudo acadêmico sobre Justiça Social Crítica é transmitido aos alunos, que o levam para o mundo. Esse efeito é mais intenso nas áreas de estudo da Justiça Social Crítica (cujos diplomados passam a trabalhar de forma desproporcional em recursos humanos, educação e mídia), mas a Justiça Social Crítica também se materializa na cultura do *campus* em geral. Nos Estados Unidos, atualmente, a maioria das universidades ensina essas ideias a todos, como parte do currículo geral. Aliás, se você é um estudante agora, as ideias da Justiça Social Crítica devem soar bastante familiares.

Costumamos deparar com o argumento de que, assim que ingressarem no "mundo real", os alunos terão que deixar para trás essas posições ideológicas a fim de encontrar emprego. Mas e se, em vez disso, eles agirem de acordo com o ensino

JUSTIÇA SOCIAL CRÍTICA EM AÇÃO

que receberam, levarem as suas crenças ideológicas para o mundo profissional e tentarem recriar esse mundo de forma correspondente? Não é mais provável?

O mundo real *está* mudando para absorver as habilidades desses alunos. Já existe uma indústria de Justiça Social Crítica que vale bilhões de dólares dedicada a treinar empresas e instituições a pôr em prática e policiar a Justiça Social Crítica. "Diretores de Diversidade, Equidade e Inclusão" estão trabalhando no ensino superior, nos departamentos de recursos humanos, nas grandes empresas do setor privado, nos sindicatos, nas prefeituras, nos governos estadual e federal e no serviço público. Agora, esses diretores e executivos exercem um poder institucional, social e cultural significativo.

De acordo com um relatório de 2017 da Foundation for Individual Rights in Education, mais de duzentas faculdades e universidades norte-americanas divulgaram ter "equipes de resposta a preconceitos" encarregadas de responder a relatórios de preconceitos baseados em identidade. Em geral, essas equipes só podem oferecer "educação e persuasão", mas sem fixar punições. No entanto, podem levar *indiretamente* à sanção ou ao afastamento, apresentando relatórios de preconceito a administradores com recomendações de ação.

Contudo, o que conta como "preconceito"? Os alunos reclamaram de tudo: desde outros alunos apoiando o ex-presidente Donald Trump até o uso da expressão de antirracismo "Eu não vejo cor". Como o preconceito é operacionalmente definido como "estado de espírito", os detectores de sensibilidade podem ser ajustados em um nível bastante alto. Os alunos denunciados não são obrigados a se submeter à educação, mas grande parte deles se submete para evitar reações adversas. Provavelmente, eles também se autocensurarão no futuro. Nada disso colabora para fomentar o debate saudável e a diversidade de pontos de vista, que são fundamentais nas universidades.

Também houve tentativas de silenciar certas opiniões no *campus*. As políticas de boicote contra grupos políticos específicos e certas figuras públicas se tornaram comuns. Determinados pontos de vista políticos e religiosos — até mesmo alguns pontos de vista acadêmicos compartilhados por profissionais — são considerados muito perigosos ou até "violentos" para ter permissão para uma tribuna.

Esse problema se estende ainda ao estudo acadêmico. Rebecca Tuvel escreveu um artigo para a *Hypatia*, publicação de filosofia feminista, que investigou paralelos entre identidades transgênero e transracial (identificando-se como outra raça). No entanto, para a Teoria, raça e gênero são muito diferentes. Ser *trans*,

137

(IN)JUSTIÇA SOCIAL

de acordo com a Teoria *queer*, significa destruir as categorias opressoras de sexo e gênero, mas alegando que ser transracial é fazer uma reivindicação ilegítima de uma experiência vivida de opressão. Isso é visto como uma pessoa branca falar do ponto de vista de pessoas não brancas e apagá-las. Tuvel — professora assistente não titular — pagou o preço pelo passo em falso. Houve uma retratação por causa do seu artigo e ela foi submetida a uma cruel caça às bruxas. A *Hypatia* também sofreu catastroficamente por aceitar o artigo.

O caso de Bruce Gilley foi ainda mais extremo. Depois de anos investigando sociedades pós-coloniais, sobretudo com base em estudiosos de locais pós-coloniais genuínos, ele escreveu "The Case for Colonialism", um artigo nuançado que contrabalançava a ideia central da Teoria pós-colonial de que o colonialismo é totalmente ruim para o colonizado. O seu artigo foi revisado e aceito para publicação no periódico acadêmico *Third World Quarterly*. Imediatamente, acusações foram apresentadas contra Gilley na Universidade Estadual de Portland, onde ele trabalha, e apelos foram feitos para que o artigo não fosse publicado, para que ele fosse demitido e até para que o seu doutorado fosse revogado. Após os editores receberem ameaças de morte, houve uma retratação em relação ao artigo por parte da revista.

Existem bons estudos acadêmicos sendo feitos sobre gênero, raça e sexualidade, mas eles são solapados pela ideologia e pelo ativismo ligados à Justiça Social Crítica. Alguns acadêmicos afirmam que qualquer um que critique o estudo acadêmico sobre Justiça Social Crítica simplesmente odeia grupos minoritários ou mulheres. Procure imaginar um paralelo em outras áreas. Será que as pessoas dizem "Sim, alguns artigos ruins são adicionados ao corpo do conhecimento médico, mas também há outros bons!", em vez de tentar eliminar os artigos ruins para que as pessoas não recebam tratamentos perigosos ou ineficazes? Não, porque reconhecemos que a medicina segura e eficaz é essencial para o sucesso humano. O mesmo ocorre com estudos rigorosos sobre questões de justiça social. Os acadêmicos dessas áreas devem saber disso melhor do que ninguém.

A Justiça Social Crítica também afetou outras áreas, incluindo literatura, filosofia, história, ciência, tecnologia e engenharia. Argumentou-se até que a matemática é intrinsecamente sexista e racista por causa do seu foco na objetividade e na prova, e também por causa dos resultados díspares no ensino da matemática entre grupos raciais. Um artigo de 2018 afirma:

JUSTIÇA SOCIAL CRÍTICA EM AÇÃO

Com base em visões de mundo indígenas para reconceituar o que é a matemática e como ela é praticada, defendo um movimento contra objetos, verdades e conhecimento rumo a uma maneira de estar no mundo que é guiada pelos primeiros princípios — matematx. Essa mudança do pensamento da matemática como um substantivo para matematx como um verbo possui potencial para honrar as nossas conexões mútuas como pessoas humanas e não humanas, para equilibrar a resolução de problemas com alegria e para manter a bifocalidade crítica ao nível local e global.

Como isso melhoraria a matemática, não temos ideia, mas a agenda política aqui é evidente e alarmante. Anteriormente, neste livro, mencionamos um artigo sobre Justiça Social Crítica que caracteriza o seu próprio assunto como sendo idealmente pensado como um vírus que infecta outras áreas. Os leitores devem saber que é assim que ela se vê. Essa intenção explícita espelha uma doutrina chamada "a longa marcha através das instituições" do ativista marxista alemão Rudi Dutschke, que viu o modelo proposto pela primeira vez pelo comunista albanês-italiano Antonio Gramsci, na década de 1920, ser aplicado com sucesso pelo ditador comunista chinês Mao Tsé-Tung na Revolução Cultural Chinesa, que começou em 1966 e durou uma década (durante a qual milhões de pessoas morreram). O objetivo atual é assumir o controle das instituições das sociedades liberais por dentro e transformá-las em instituições "Críticas". Essa "longa marcha" já foi muito bem-sucedida em todo o Ocidente e agora ameaça o liberalismo na sua essência.

Justiça Social institucionalizada — um estudo de caso

Um dos exemplos mais extremos de ativismo e Teoria associados à Justiça Social Crítica que está se desenrolando em uma instituição do mundo real é o caso da Evergreen State College, em Olympia, no estado de Washington, considerada uma das universidades mais liberais dos Estados Unidos (os paralelos com a Revolução Cultural Chinesa, em que os alunos, chamados de Guardas Vermelhos, atacavam e humilhavam os seus pais, avós e professores em uma tentativa de refazer radicalmente a cultura de imediato, são inegáveis): quando Bret Weinstein, professor de biologia, se opôs a que os brancos fossem convidados a deixar o *campus* por um dia, em maio de 2017, um grupo de estudantes ativistas reagiu furiosamente.

139

(IN)JUSTIÇA SOCIAL

O resultado foi o caos: os estudantes ativistas começaram a protestar e a se revoltar em todo o *campus*. As aulas foram interrompidas e a formatura teve que ser realizada fora do *campus*. O problema chegou ao ponto de que os estudantes ativistas armaram barricadas contra a polícia, mantiveram professores como reféns e, armados com tacos de beisebol, pararam os carros em busca de Weinstein. Ao mesmo tempo, alegaram que não havia segurança para os "corpos negros e morenos" no *campus*, mesmo quando o reitor pediu para a polícia do *campus* recuar e deixar tudo acontecer sem intervenção.

O *campus* mergulhou na insanidade da turba. De maneira mais assustadora e mais reveladora, os manifestantes tanto não estavam dispostos a ouvir como, aparentemente, eram incapazes de compreender os pontos de vista contra os quais protestavam. Quando Weinstein pediu evidências de que o *campus* era racista, os estudantes ativistas gritaram contra ele e disseram que o próprio pedido era racista. A evidência deles era que eles viviam a experiência todos os dias. Em vez de defenderem as suas alegações, os estudantes ativistas entoaram *slogans* de Justiça Social Crítica, como "o silêncio branco é violência", e exigiram que o departamento de ciências fosse monitorado, e o seu corpo docente, reunido, treinado novamente e punido pelas suas opiniões inerentemente problemáticas. Quando alguns estudantes negros expressaram apoio a Weinstein e fizeram declarações semelhantes às dele, a turba os calou com gritos e desprezou a própria experiência vivida deles porque não se alinhava com a experiência "autêntica" detalhada pela Teoria.

Há uma resposta de uma única palavra do motivo pelo qual isso aconteceu: Teoria. A instituição Evergreen havia aceitado tão grande número das visões de "antirracismo" de educadores críticos da raça, como Robin DiAngelo — e a ideia de fragilidade branca —, que perdeu a sua capacidade de se defender contra os manifestantes. Uma vez que uma quantidade suficiente de pessoas acusou a universidade de ser uma instituição racista infestada pela supremacia branca, o corpo docente e os administradores não tiveram alternativa a não ser aceitar a acusação e começar a fazer as mudanças exigidas.

O que mais eles podiam fazer? Eles aceitaram que "a questão não é 'o racismo ocorreu?', mas sim 'como o racismo se manifestou nessa situação?'", de modo que a única conclusão possível era a de que eles estavam trabalhando para uma organização intrinsecamente racista. Mais de quatro anos depois, as matrículas na Evergreen e a sua reputação ainda não se recuperaram. Assim como aconteceu com tantas coisas na Revolução Cultural na China, a instituição em questão ficou em grande parte arruinada.

Como isso afeta o mundo todo

O que acontece na universidade não fica na universidade.

O ativismo pela Justiça Social Crítica ganhou grande influência em diversas áreas da sociedade, sobretudo por meio das redes sociais. Embora a maioria das pessoas não endosse as ideias da Justiça Social Crítica, essas ideias são bem influentes, conforme demonstrado pelo fato de que os gigantes da tecnologia, da mídia e do varejo rotineiramente se renderão à pressão dos defensores da Justiça Social Crítica.

Em 2019, a Macy's se viu no centro de um protesto que começou por causa de apenas uma pessoa ofendida no Twitter. A rede varejista teve que pedir desculpas publicamente por apresentar um prato que mostrava o tamanho das porções em comparação com o tamanho de um *jeans* (o que foi considerado "*fat shaming*", ou seja, "humilhação do gordo"). A Macy's cancelou a linha de produtos a um custo alto. A Nissin, gigante japonesa de macarrão instantâneo, desculpou-se e retirou o anime que retratava um tenista haitiano-japonês com pele clara e traços europeus. A Gucci pediu desculpas e parou de vender um suéter que algumas pessoas acreditavam que produzia o efeito de *blackface*. A mesma acusação foi feita em relação a alguns sapatos com a marca Katy Perry, que foram retirados de circulação.

Não é surpreendente que as grandes corporações tenham cedido tão facilmente à pressão da Justiça Social Crítica. O objetivo delas é ganhar dinheiro, não defender valores liberais. Como a maioria dos consumidores dos países ocidentais apoia a ideia geral de justiça social, e como a maioria das pessoas não sabe a diferença entre justiça social e Justiça Social Crítica, as grandes corporações muitas vezes decidem que é melhor ceder às demandas dos ativistas da Justiça Social Crítica. Além disso, assim como durante a Revolução Cultural Chinesa, as sessões de humilhação, que eram chamadas de "sessões de luta" na China, são assustadoramente eficazes quando as pessoas e as instituições não estão preparadas para elas.

Os ativistas pela Justiça Social Crítica são bastante visíveis nas redes sociais e têm interesse em punir aqueles que são influentes na mídia e nas artes. Os pedidos de punição de celebridades, artistas, atletas e outros indivíduos proeminentes que transgrediram a Justiça Social Crítica, muitas vezes inadvertidamente, costumam ser chamados de "cultura do cancelamento". Essa prática arrepiante costuma envolver a destruição total da carreira e da reputação de uma pessoa por algo que ela pode ter dito décadas atrás ou quando era adolescente.

(IN)JUSTIÇA SOCIAL

Eis alguns exemplos de "cancelamentos" de celebridades nos últimos anos:

- O ator Kevin Hart foi forçado a desistir de apresentar o Oscar quando tuítes antigos contendo piadas homofóbicas foram descobertos. Posteriormente, quando ele se feriu em um acidente de carro, muitos ativistas orientados pela Justiça Social Crítica *celebraram* o fato.
- A apresentadora de tevê lésbica Ellen DeGeneres também se tornou alvo depois de aceitar o pedido de desculpas de Hart em nome da comunidade LGBT.
- Matt Damon, astro de Hollywood, ficou sujeito à fúria feminista *on-line* ao dizer que o assédio sexual ocorria em espectro amplo, e que um tapinha no traseiro era diferente de estupro.
- A estrela do tênis lésbica Martina Navratilova foi atacada por afirmar que não é justo que mulheres *trans* tenistas compitam contra mulheres *cis*.
- J. K. Rowling foi condenada como transfóbica por grande parte das redes sociais e por diversos dos principais atores dos filmes de *Harry Potter* por dizer que a realidade biológica das mulheres define a sua experiência.
- A atriz e ex-lutadora de MMA Gina Carano foi demitida da popular série de tevê *O Mandaloriano*, produzida pela Disney, depois de postar vários comentários polêmicos nas redes sociais que levaram a *hashtag* #FireGinaCarano aos assuntos do momento.

Tudo isso provém de ativistas que adotaram a Teoria. O trabalho do ativista é examinar textos, eventos, cultura, atividades, lugares, espaços, atitudes, mentalidades, fraseados, vestuário e todos os outros artefatos culturais concebíveis em busca de preconceito oculto e depois expô-lo e expurgá-lo da sociedade.

O policiamento pela Justiça Social Crítica da linguagem e do pensamento também afeta a própria arte. Os ativistas orientados pela Justiça Social Crítica calcularão a proporção de mulheres, pessoas não brancas, pessoas LGBT, pessoas com deficiência ou pessoas gordas em um livro ou filme, e protestarão se algum grupo estiver sub-representado, na sua opinião. A ausência, a deturpação ou a sub-representação de tais grupos é descrita como "apagamento" de minorias e "negação da sua validade", ao mesmo tempo que defende a supremacia branca, o patriarcado, a heteronormatividade, a cisnormatividade, o capacitismo ou a gordofobia.

Mas a questão oposta — a *apropriação* — também é um problema. Isso se baseia na ideia da teoria do ponto de vista, em que o conhecimento está

JUSTIÇA SOCIAL CRÍTICA EM AÇÃO

enraizado na "experiência vivida". É considerado péssimo um artista criar ou retratar personagens com uma identidade marginalizada que não é a sua. Muitas vezes, vemos demandas de que os atores representem apenas personagens dos seus grupos identitários — uma mulher hétero não pode interpretar uma mulher lésbica ou *trans* em um filme, nem uma pessoa fisicamente apta pode interpretar uma pessoa com deficiência. Os ativistas orientados pela Justiça Social Crítica afirmam que esses papéis devem ser reservados a atores marginalizados — mesmo quando a atuação tem como fundamento se colocar no lugar de outra pessoa.

Às vezes, as demandas feitas por ativistas são impossíveis de serem satisfeitas: J. K. Rowling foi condenada por não incluir pessoas não brancas entre os seus protagonistas e não ter personagens explicitamente *gays* ou *trans* na série de livros *Harry Potter*, e também foi criticada por incluir em seus personagens tradições mágicas dos índios norte-americanos. Músicos e artistas são particularmente vulneráveis a acusações de apropriação cultural. Madonna foi criticada por se apropriar da cultura indiana e latina, e Gwen Stefani, por se apropriar da estética japonesa e indígena norte-americana. Mesmo os artistas negros não estão imunes: Rihanna foi acusada de se apropriar da cultura chinesa e Beyoncé, de se apropriar dos estilos indianos de Bollywood.

A mídia e a arte também podem sofrer um impacto negativo quando livros, artes visuais, filmes ou *videogames* são examinados como "discurso" e problematizados com base na dinâmica de poder que apoiam. Claro, existem realmente estereótipos e representações negativos na arte e eles devem ser analisados e criticados. No entanto, grande parte das análises recentes é tendenciosa e fluida demais. Os livros infantis do Dr. Seuss foram chamados de racistas e as representações de negros no cinema frequentemente sofrem duras críticas, ao ponto de parecer que nada é bom o suficiente. Mulheres negras sendo apresentadas como personagens fortes e tenazes é um estereótipo negativo, mas mulheres negras sendo retratadas como fracas e submissas também não cairiam bem. Acadêmicas e ativistas feministas contaram a quantidade de palavras ditas por mulheres em comparação com homens em certos filmes, por exemplo, e criticaram o retrato supersexualizado das mulheres — porém, outras personagens femininas são criticadas por serem retratadas como "assexuadas"!

Esse tipo de análise feminista pós-moderna pode limitar a gama de possíveis personagens femininas. A 20th Century Fox pediu desculpas por causa de um *outdoor* mostrando a supervilã Mística de *X-Men* sendo sufocada por Apocalipse depois que feministas, como Rose McGowan, reclamaram acerca da "violência

(IN)JUSTIÇA SOCIAL

gratuita contra as mulheres" retratada na imagem. Uma super-heroína ou uma vilã não pode se meter em brigas contra os homens ou deve vencê-los sem nunca ser atingida a fim de satisfazer esse padrão elevadíssimo. Da mesma forma, a série *Game of Thrones*, produzida pela HBO, foi criticada por causa da experiência de estupro e abuso da personagem Sansa Stark, pois passar por essa situação foi o que a tornou mais forte. Algumas feministas acharam que isso representava o jogo da cultura do estupro e justificava, de alguma forma, o estupro. Como as personagens femininas podem ser retratadas como poderosas e resilientes se não conseguem superar o abuso, a violência e a adversidade?

Mais preocupante, porém, é o efeito que o estudo acadêmico sobre Justiça Social Crítica vem provocando nas pessoas com deficiência. Por exemplo, uma nova forma de ativismo referente ao autismo está enraizada na premissa de que as pessoas com espectro autista não devem ser consideradas deficientes. Há algo a ser considerado nesse argumento, já que muitos indivíduos autistas de alto nível funcional mostraram que são seres humanos perfeitamente valorosos e felizes, e que só estão conectados de maneira diferente. No entanto, outras pessoas autistas e os seus cuidadores mostraram que o autismo pode muitas vezes ser incapacitante e penoso, e o novo tipo de ativismo deixa mais difícil os afetados de forma mais grave receberem apoio.

Outros assinalaram que as regras complicadas da Justiça Social Crítica acerca de linguagem, preconceito e interações sociais costumam ser especialmente difíceis para os autistas seguirem, e que os neurologicamente atípicos são particularmente vulneráveis a quebrar essas regras confusas. James Damore, o engenheiro autista da Google que respondeu literalmente a um pedido de opinião sobre como ter mais mulheres na área de tecnologia e foi demitido posteriormente, é um bom exemplo.

Os ativistas ligados à surdez salientam que os implantes cocleares — que são implantados cirurgicamente no canal auditivo — nem sempre funcionam perfeitamente e podem ser desorientadores e estressantes de usar; portanto, os surdos não devem ser pressionados a tolerá-los. Tudo bem, mas alguns ativistas ligados à surdez também alegaram que oferecer implantes cocleares a crianças surdas é semelhante ao genocídio de surdos e a encarar com desprezo as pessoas surdas que querem melhorar a sua audição.

Os ativistas ligados à saúde mental também costumam considerar a doença mental como uma identidade marginalizada. Um problema com essa abordagem é que as pessoas tendem a se apegar às suas identidades como pessoas com doenças mentais. Isso pode desencorajar alguns a procurar tratamento e tentar se recuperar. Embora os ativistas tenham feito um bom trabalho ao abordar alguns dos estigmas associados aos problemas de saúde mental, transformar a doença mental em um aspecto intrínseco da identidade de alguém pode ser prejudicial. O ativismo gordo apresenta um problema semelhante e que é potencialmente ainda mais perigoso. Central ao ativismo gordo é a crença de que a obesidade só é considerada prejudicial à saúde por causa do ódio à pessoa gorda e porque confiamos muito nos discursos científicos. Essa visão é atraente para muitas pessoas perigosamente obesas, sobretudo mulheres, que têm muita dificuldade para perder peso. Em vez de procurar apoio médico ou psicológico, elas podem aprender a amar os seus corpos como eles são. O movimento de positividade corporal promove modelos com obesidade mórbida, considerando-os belos e saudáveis, apesar das evidências de que a obesidade está ligada a diabetes, doenças cardíacas, ovários policísticos, problemas articulares e respiratórios, e diversas formas de câncer. Existem dezenas de *sites* que informam pessoas com obesidade mórbida como achar um médico que não lhes diga que o seu peso é prejudicial à saúde.

Essa atitude pode matar.

Cultura de mimos e vitimismo

Esses exemplos mostram os princípios e os temas pós-modernos em ação. Dois livros importantes, ambos publicados em 2018, abordam as causas, as manifestações e os perigos potenciais dessas mudanças sociais: *The Coddling of the American Mind: How Good Intentions and Bad Ideas Are Setting Up a Generation for Failure*, de Greg Lukianoff e Jonathan Haidt, e *The Rise of Victimhood Culture: Microaggressions, Safe Spaces, and the New Culture Wars*, de Bradley Campbell e Jason Manning. Lukianoff e Haidt enfocam a psicologia, e Campbell e Manning, a sociologia, de modo que as suas abordagens capturam aspectos diferentes do mesmo fenômeno.

Em *The Coddling of the American Mind*, Lukianoff e Haidt escrevem sobre o decréscimo drástico da resiliência e da capacidade dos jovens de lidar com ideias difíceis e sentimentos feridos. Os autores afirmam que essas lutas são uma consequência penosa da aceitação de três "Grandes Inverdades":

(IN)JUSTIÇA SOCIAL

- A crença de que as pessoas são frágeis ("Tudo o que não nos mata nos torna mais fracos").
- A crença no raciocínio emocional ("Sempre confie nos seus sentimentos").
- A crença nos Nós contra Eles ("A vida é uma batalha entre pessoas boas e pessoas más").

A tese central deles é que essas inverdades se combinam para gerar um efeito psicológico que é basicamente o inverso da terapia cognitivo-comportamental (TCC). A TCC ajuda as pessoas a parar de interpretar todas as coisas ruins que acontecem com elas como uma catástrofe apocalíptica, e as incentiva a colocar tudo em perspectiva, a pensar sobre os acontecimentos com calma e benevolência, e a agir de forma adequada. As Grandes Inverdades, por outro lado, incentivam uma mentalidade negativa, paranoica e autossabotadora — o que a Teoria pode, então, alegar estar sendo imposta pelo poder sistêmico, em vez de pelos fracassos das suas próprias decisões ruins.

Diríamos que esses são alguns dos problemas psicológicos que decorrem da Teoria. A crença de que as pessoas são frágeis e que se enfraquecem por causa de experiências desagradáveis ou perturbadoras é Teorizada no estudo acadêmico e no ativismo orientados pela Justiça Social Crítica como grupos marginalizados sendo prejudicados, apagados, invalidados ou submetidos à violência por discursos dominantes. O compromisso de sempre confiar nos próprios sentimentos, em vez de tentar ser objetivo ou benevolente, reflete o foco da Justiça Social Crítica no conhecimento experiencial em detrimento do conhecimento objetivo. Para a Teoria, as experiências e as emoções das pessoas marginalizadas são fidedignas (exceto quando não apoiam a Teoria). As experiências, emoções e os argumentos dos brancos — a menos que concordem com os pressupostos da Justiça Social Crítica — são considerados como sinais de fragilidade e não como posições ética e/ou factualmente defensáveis. Tudo isso é sustentado pela crença de que a vida é uma batalha entre indivíduos bons e invidíduos maus, como representada por discursos dominantes e marginalizados, nos quais algumas pessoas tentam manter sistemas opressores de poder e privilégio à custa dos outros.

Em *The Rise of Victimhood Culture*, Campbell e Manning descrevem os diferentes modos de resolução de conflitos sociais em diferentes épocas e culturas. Eles analisam como as pessoas se relacionam entre si, moralizam essas relações, estabelecem o seu lugar no mundo e buscam *status* e justiça. Eles identificam o

JUSTIÇA SOCIAL CRÍTICA EM AÇÃO

recente surgimento de uma cultura do vitimismo, que difere tanto da *cultura da dignidade* como da *cultura da honra.*

Em uma cultura da honra, eles explicam, é importante não deixar ninguém dominar você. Assim, as pessoas são bastante sensíveis a desfeitas e reagem a qualquer sinal de desrespeito com agressão imediata ou até violência. Esse tipo de cultura dominou o mundo ocidental por centenas de anos e ainda prevalece em algumas culturas não ocidentais e em certas subculturas do Ocidente, tal como as gangues de rua.

Depois veio a cultura da dignidade. Em uma cultura da dignidade, as pessoas são incentivadas a ignorar a maioria das desfeitas, a ser menos sensíveis aos insultos verbais, a solucionar a maioria dos problemas entre os indivíduos e a superar conflitos por meios legais, em vez de fazer justiça com as próprias mãos. A resiliência é altamente valorizada.

A nova cultura do vitimismo vislumbrada por Campbell e Manning compartilha a sensibilidade da cultura da honra em relação à desfeita, mas reage com uma demonstração de fraqueza em vez de força. Mantém a confiança nas autoridades para superar conflitos relativos à cultura da dignidade, em vez de fazer justiça com as próprias mãos, mas não incentiva ignorar desfeitas ou buscar uma solução pacífica primeiro. Na cultura do vitimismo, o *status* resulta de ser percebido como vitimizado. Isso gera apoio e simpatia de terceiros, explorando aquilo a que Campbell e Manning se referem como "a moeda moral natural do vitimismo". Você vê isso em ação sempre que abre qualquer aplicativo de rede social.

Sob vários aspectos, essa cultura de vitimismo e mimos é um sinal de que o ativismo pela Justiça Social (no sentido real) se tornou vítima do próprio sucesso. Uma sociedade que se preocupa com microagressões e pronomes é aquela em que a maioria dos grandes problemas já foi resolvida. Como Lukianoff e Haidt mencionam na sua discussão sobre "segurancismo", erradicamos doenças fatais, como difteria e poliomielite, eliminamos o uso de materiais perigosos, como chumbo, e, como resultado, reduzimos drasticamente a mortalidade infantil. Agora, os pais se preocupam com coisas menores. Essas coisas ainda podem ser potencialmente prejudiciais, mas o foco mudou do dano físico para o desconforto psicológico, criando uma expectativa de *segurança emocional.*

Da mesma forma, não achamos que seja coincidência que a virada para o pós-modernismo aplicado tenha começado no final da década de 1980, depois que o Movimento pelos Direitos Civis, o feminismo liberal e o Orgulho *Gay* fizeram tanto progresso em direção à igualdade racial, de gênero e LGBT ao nível jurídico

147

(IN)JUSTIÇA SOCIAL

e político. Com as leis de Jim Crow desmanteladas, os impérios caídos, a homossexualidade legalizada e a discriminação com base na raça e no sexo criminalizada, a sociedade ocidental, é claro, queria continuar fazendo progressos. Depois que as batalhas jurídicas mais significativas foram vencidas, restou enfrentar atitudes e discursos sexistas, racistas e homofóbicos. O pós-modernismo, com o seu foco nos discursos de poder e no conhecimento socialmente construído, era a ferramenta perfeita para lidar com isso.

Com a continuidade do declínio do racismo, do sexismo e da homofobia, leituras cada vez mais aprofundadas das situações e dos textos são necessárias para detectar os preconceitos e argumentos Teóricos ainda mais complicados são necessários para combatê-los. Esse é um reflexo direto de quão pouca injustiça social realmente permanece.

A teoria sempre parece boa no papel

As ideias do estudo acadêmico sobre Justiça Social Crítica costumam parecer boas no papel. É quase sempre assim com as teorias ruins.

Consideremos o comunismo, por exemplo. O comunismo apresenta a ideia de que uma sociedade avançada e tecnológica pode se organizar em torno da cooperação e dos recursos compartilhados, reduzindo ao mínimo a exploração. As desigualdades entre vencedores e perdedores do capitalismo podem ser eliminadas. Podemos redistribuir bens e serviços de maneiras muito mais justas, e certamente os benefícios inspirarão todas as pessoas de bem a participar desse sistema. Temos apenas que incluir todos no roteiro. Todos nós temos que cooperar.

Essa é a teoria. Contudo, na prática, o comunismo gerou algumas das maiores atrocidades da história e foi responsável pela morte de dezenas, se não de centenas, de milhões de pessoas.

O comunismo é um grande exemplo de como as teorias sociais podem fracassar de forma catastrófica na prática, mesmo que aspirem ao "bem maior". O estudo acadêmico e o ativismo orientados pela Justiça Social Crítica não são diferentes. No papel, eles parecem dizer coisas boas: vamos ao fundo do preconceito, da opressão, da marginalização e da injustiça, e, assim, vamos curar o mundo. Se todos pudéssemos nos importar um pouco mais, e nos importar da maneira correta, poderíamos abrir o nosso caminho para o lado certo da história. Temos

JUSTIÇA SOCIAL CRÍTICA EM AÇÃO

apenas que incluir todos no roteiro. Só é preciso que todos cooperem. Só é preciso que ignoremos quaisquer problemas e juremos solidariedade à causa.

Não vai funcionar. A Justiça Social Crítica não pode ter sucesso porque é uma metanarrativa idealista, mas parece bastante convincente para influenciar significativamente a sociedade e a maneira como ela pensa o conhecimento, o poder e a linguagem. Por que não funciona? Em parte, porque nós, seres humanos, não somos tão inteligentes quanto pensamos que somos; em parte, porque a maioria de nós é idealista em pelo menos algum nível; e em parte, porque tendemos a mentir para nós mesmos quando queremos que algo funcione. Contudo, a Teoria é uma metanarrativa e, na verdade, as metanarrativas não são confiáveis.

Os pós-modernos originais têm razão. No entanto, erraram de forma desastrosa ao confundir sistemas eficazes e adaptativos com metanarrativas. O liberalismo e a ciência *não* são metanarrativas. O liberalismo e a ciência são sistemas — não apenas pequenas teorias elegantes — porque são *autocéticos* em vez de *autoinfalíveis.* Esse é um ceticismo *fundamentado,* não radical.

Os sistemas liberais, como o capitalismo regulamentado, a democracia republicana e a ciência resolvem os conflitos submetendo economias humanas, sociedades e produção de conhecimento a processos evolucionários que — ao longo do tempo e com esforço persistente — geram sociedades confiáveis, governos e declarações provisoriamente verdadeiras acerca do mundo. A prova é que quase tudo mudou para melhor nos últimos quinhentos anos, sobretudo no Ocidente. Como a Teoria mostra, esse progresso foi problemático, às vezes, mas, como a Teoria duvida, ainda tem sido um *progresso.*

As coisas estão melhores do que há quinhentos anos para a maioria das pessoas, na maior parte do tempo, e isso é inegável.

CAPÍTULO 10

O liberalismo como uma alternativa à Justiça Social Crítica

INCENTIVANDO A DISCUSSÃO E O DEBATE

A Teoria pós-moderna e o liberalismo não existem um ao lado do outro. Na verdade, eles estão quase diretamente em conflito.

Ao contrário da Teoria pós-moderna, o liberalismo vê o conhecimento como algo que podemos aprender sobre a realidade, mais ou menos objetivamente. Ele abarca categorização precisa e clareza. Preza os valores humanos individuais e universais. Embora os liberais de esquerda tendam a favorecer os menos favorecidos, o liberalismo em geral põe no centro a dignidade humana em detrimento do vitimismo. O liberalismo incentiva a discordância e o debate, e aceita a teoria da verdade por *correspondência* — ou seja, uma afirmação é verdadeira se descreve com precisão a realidade. O liberalismo aceita críticas, inclusive de si mesmo, e promove mudanças com base nessas críticas. O liberalismo atua como um processo evolutivo, possibilitando que as melhores ideias sobrevivam e as piores desapareçam.

O liberalismo contém as características e os defeitos que permitiram que a Teoria pós-moderna o solapasse. Ao tolerar diferenças de opinião e diversidade de pontos de vista, o liberalismo permite que as pessoas não apoiem o liberalismo. Ao insistir na liberdade de debate, o liberalismo permite e até acolhe explicitamente críticas aos seus próprios pressupostos. Ao proclamar os valores humanos universais e a igualdade jurídica e política de todos os cidadãos, o liberalismo chama a atenção para as maneiras pelas quais não conseguiu fazer jus aos seus próprios valores e permitiu que alguns cidadãos adquirissem muito mais influência política do que outros. A abertura do liberalismo permite que o próprio liberalismo seja ameaçado, mas é o antídoto à Teoria.

O liberalismo não é perfeito. Pretende ser justo, mas pode criar injustiças como subproduto. O capitalismo, por exemplo, é um sistema econômico

O LIBERALISMO COMO UMA ALTERNATIVA À JUSTIÇA SOCIAL CRÍTICA

puramente liberal, mas quando não regulamentado é um desastre. Para ser generoso com ele, foi contra isso que Karl Marx reagiu e esperava erroneamente que o comunismo superasse. Os antigos gregos também reconheceram que a ordem política liberal — a democracia — é completamente tirânica quando não é devidamente administrada. O sistema norte-americano, em particular, implantou uma versão chamada de *democracia representativa* — uma república em que os representantes são eleitos democraticamente, envolvendo divisões de poder e limitações dos poderes do governo. Isso ajuda a impedir que o sistema caia sob o domínio da turba e a tirania da maioria. Esses sistemas dependem totalmente das abordagens liberais para a produção de conhecimento e resolução de conflitos.

O liberalismo é um sistema de resolução de conflitos, não uma solução para conflitos humanos. Não é revolucionário, mas também não quer que o mundo pare de avançar. Em vez disso, o liberalismo é sempre um trabalho em curso. À medida que resolve cada problema, avança para novos problemas, encontrando continuamente novos conflitos para resolver e novos objetivos a alcançar. Dessa maneira, o liberalismo é uma espécie de processo evolucionário e processos desse tipo estão, por definição, sempre em andamento e nunca completos. Inevitavelmente, comete erros, mas permite a crítica necessária para se corrigir. Quando bem feitas, essas críticas podem ser úteis para destacar problemas antes que fiquem fora de controle, mas os métodos críticos, como a Teoria pós-moderna, exploram a abertura do liberalismo para solapá-lo.

O trabalho de diversos filósofos ajudou a construir o liberalismo até o que ele é hoje: Mary Wollstonecraft, John Stuart Mill, John Locke, Thomas Jefferson, Francis Bacon, Thomas Paine e muitos outros. Eles buscaram inspiração em pensadores anteriores de outras tradições, chegando até a Grécia Antiga, há mais de dois mil anos, e forneceram conceitos e argumentos que continuam a persuadir e inspirar liberais até hoje. No entanto, eles não inventaram o liberalismo, que não pertence a um período histórico nem a uma localização geográfica.

O impulso para o liberalismo pode ser encontrado em todos os tempos e lugares, sempre que as pessoas desejam manter as partes boas de um sistema e jogar fora as falhas — sobretudo quando essas falhas restringem, oprimem ou prejudicam as pessoas. Infelizmente, os Teóricos cínicos podem usar as falhas e os danos do liberalismo como desculpa para rejeitá-lo totalmente.

(IN)JUSTIÇA SOCIAL

Por que a liberdade de debate é tão importante?

Estamos acostumados a pensar na liberdade de expressão como um direito humano universal. Tendemos naturalmente a enfocar o direito do *falante* de dizer aquilo no que acredita sem censura ou punição, mas esse foco nos leva às vezes a nos esquecermos da importância da liberdade de expressão para os *ouvintes* ou *potenciais ouvintes* — mesmo aqueles que *discordam* do falante.

Esse aspecto importante da liberdade de debate foi enfatizado pelo filósofo e economista político John Stuart Mill, no seu ensaio *On Liberty* [*Sobre a liberdade*], de 1859. Mill afirma que há duas maneiras em que a censura prejudica os oponentes da opinião que está sendo censurada. Em primeiro lugar, se a opinião está correta, "eles são privados da oportunidade de trocar o erro pela verdade". E em segundo lugar, se a opinião está errada, eles perdem "a percepção mais clara e a impressão mais vívida da verdade, produzida pela sua colisão com o erro".

O primeiro dano invocado por Mill é simples. O segundo é mais sutil, mas muito importante. Ele ilustra isso com um exemplo fascinante.

Em 1687, Isaac Newton criou a física moderna, escrevendo as equações do que veio a ser chamado de mecânica newtoniana, que agora se ensina em todo curso de física do primeiro ano do ensino médio. Ao longo do século seguinte, os cientistas acumularam evidências esmagadoras, tanto de observações terrestres como astronômicas, de que a física newtoniana estava correta. Em 1846, ela até foi utilizada para prever a existência e a localização exata do planeta Netuno.

Suponhamos que, em algum momento dessa época, o governo (ou apenas as universidades) tivesse decidido que, como a mecânica newtoniana parecia tão exata, seria ilegal discordar dela. Nesse caso, Mill afirma, teríamos menos razão para acreditar na exatidão da mecânica newtoniana! O fato de a mecânica newtoniana ter resistido ao debate livre e aberto é o que nos dá tanta confiança nela:

> Se até mesmo a filosofia newtoniana não pudesse ser questionada, a humanidade não poderia sentir a completa garantia da sua verdade como sente agora. As crenças para as quais temos mais justificativas não repousam em nenhuma salvaguarda, mas em um convite permanente para o mundo inteiro prová-las infundadas. Se o desafio não for aceito, ou for aceito e a tentativa falhar, ainda assim estaremos bastante longe da certeza, mas teremos feito o melhor que o estado atual da razão humana permite; não teremos desprezado nada que pudesse dar à verdade uma chance de nos alcançar.

O LIBERALISMO COMO UMA ALTERNATIVA À JUSTIÇA SOCIAL CRÍTICA

Porém, essa história tem uma reviravolta interessante, que Mill não tinha como saber — acontece que a mecânica newtoniana não está correta! É uma aproximação muito boa para quase todos os propósitos práticos, mas não é exatamente correta. Isso foi descoberto por Albert Einstein entre 1905 e 1915, mais de trinta anos depois da morte de Mill. A mecânica newtoniana foi substituída pela relatividade geral e especial de Einstein. Esse importante avanço na ciência poderia nunca ter ocorrido se a crítica à teoria de Newton tivesse sido proibida e não teríamos todas as coisas que as teorias de Einstein nos ajudaram a inventar — desde a radioterapia contra o câncer até o GPS.

A liberdade de debate pode ser muito útil para os Teóricos. Mesmo que a Teoria estivesse 99% correta e seus críticos 99% errados, a liberdade de debate poderia ajudá-los a melhorar ainda mais a sua Teoria e lhes dar — e a nós — mais *confiança racional* na correção da Teoria, se ela pudesse resistir com sucesso a ideias opostas. Infelizmente, os Teóricos parecem querer apenas a sensação calorosa e difusa de estar certos. Eles tendem a considerar as tentativas dos outros de envolvê-los em debates como *fragilidade, ignorância intencional* ou *resistência epistêmica de preservação de privilégios.*

A Teoria não entende o liberalismo

O sucesso do liberalismo se caracteriza por alguns pontos fundamentais: é orientado por objetivos, resolve problemas, se autocorrige e — apesar do que os pós-modernos pensam — é genuinamente *progressista.* Embora alguns membros da extrema-direita queiram deter o progresso (ou considerem que ele já foi longe demais) e alguns membros da extrema-esquerda considerem o progresso um mito e insistam que a vida nas democracias liberais ainda é opressora como sempre foi (valeu, Foucault!), o liberalismo aprecia o progresso e está otimista de que ele continuará.

O liberalismo pode ser de difícil definição, mas o iliberalismo é facilmente reconhecível nos Estados totalitários, hierárquicos, censórios, feudais, patriarcais, coloniais ou teocráticos e nas pessoas que desejam viabilizar esses Estados, limitar as liberdades ou justificar as desigualdades. Os liberais se opõem a todos esses regimes. O liberalismo aceita que estará sempre lutando contra poderes injustos e opressores e atuando como mediador entre ideias diferentes. O liberalismo respeita as pessoas tanto como indivíduos quanto como membros do gênero humano. Ele valoriza o individual e o universal, o ser humano e a humanidade.

(IN)JUSTIÇA SOCIAL

O liberalismo é o mercado das ideias, em que as melhores ideias acabam prevalecendo, possibilitando o avanço da sociedade. Isso se distingue tanto da posição conservadora — o fato de que algumas ideias são sagradas (literalmente ou não) e não devem ser contestadas — como da posição pós-moderna — o fato de que algumas ideias são perigosas e não devem ser verbalizadas. O liberalismo é otimista. Se formos capazes de reunir todas as nossas ideias, sem restrições, e incentivar a liberdade de expressão e o debate cívico, poderemos tornar o mundo melhor.

Os últimos quinhentos anos mostraram que o liberalismo funciona. O jornalista e ensaísta Adam Gopnik escreve: "O que o liberalismo tem a seu favor são os fatos. Os liberais não conseguem nada — exceto tudo, mais cedo ou mais tarde". É difícil discordar dele com as evidências que temos de que os métodos liberais funcionam. O liberalismo, o racionalismo e o empirismo, juntos sob a bandeira do "iluminismo", diminuíram o sofrimento humano por meio de melhorias tecnológicas, infraestrutura eficaz e avanços médicos e científicos, além de terem trabalhado na defesa dos direitos humanos.

Apesar da afirmação pós-moderna de que o pensamento iluminista estava e está muito confiante de que possui todas as respostas, ele é, na verdade, caracterizado pela dúvida e pela humildade acerca da capacidade da humanidade. Para o psicólogo cognitivo Steven Pinker:

> Tudo começa com o ceticismo. A história da insensatez humana e a nossa própria suscetibilidade a ilusões e falácias nos contam que homens e mulheres são falíveis. Portanto, devemos buscar boas razões para acreditar em algo. Fé, revelação, tradição, dogma, autoridade, o brilho extático da certeza subjetiva são todos receitas para o erro e devem ser rejeitados como fontes de conhecimento.

Isso soa como ceticismo em relação às metanarrativas? E é. O pós-modernismo não inventou o ceticismo: ele o perverteu.

Alguns pós-modernos sustentam que apoiar o iluminismo implica apoio a atrocidades como escravidão, genocídio e colonialismo, que acompanharam o nosso "progresso". Poderia ser um bom argumento se não fosse o fato de que a escravidão, as invasões e as ocupações brutais aconteceram ao longo da história, e a mensagem claríssima da Idade Moderna é que essas práticas estavam erradas. Outro argumento comum é que o progresso é um mito porque o nazismo, o Holocausto e o comunismo genocida aconteceram há menos de um século — e *depois*

O LIBERALISMO COMO UMA ALTERNATIVA À JUSTIÇA SOCIAL CRÍTICA

do iluminismo. Isso seria razoável se os liberais argumentassem que tudo o que veio depois do iluminismo era liberal. Na verdade, essas atrocidades mostram o que acontece quando o totalitarismo predomina sobre o liberalismo.

O liberalismo nem sempre foi vitorioso, e nem sempre prevalecerá, mas a vida é muito melhor quando isso acontece. Apesar das suas deficiências, o liberalismo é simplesmente melhor para os seres humanos. É surpreendente que no mesmo período de vinte anos (1960 a 1980) durante o qual as mulheres conquistaram o acesso à contracepção e a salários iguais para trabalhos iguais, a homossexualidade foi descriminalizada e a discriminação racial e sexual no trabalho e em outras áreas se tornou ilegal, os pós-modernos tenham surgido e declarado que era hora de parar de acreditar no liberalismo, na ciência, na razão e no mito do progresso.

Não sigamos os seus passos. Não deixemos de acreditar no liberalismo, na ciência, na razão e no progresso. Em vez disso, façamos um esforço real para defender o conhecimento baseado em evidências, a razão e os princípios éticos consistentes.

Os princípios e os temas à luz do liberalismo

Cada um dos princípios e temas pós-modernos possui uma essência de verdade e aponta para um problema real, mas o pós-modernismo não tem as soluções mais eficazes. O liberalismo universal, alimentado pela ciência, está muito mais bem equipado para resolver problemas. O projeto liberal deve aceitar as críticas suscitadas pelos princípios e temas pós-modernos e responder como sempre faz: autocorrigindo-se, adaptando-se e progredindo.

Então, como podemos contestar os princípios e temas pós-modernos com simplicidade e confiança e mostrar ao mundo que as ideias liberais devem triunfar no mercado intelectual? Comecemos reconhecendo no que a Teoria acerta, para rejeitar a sua abordagem aos problemas que destaca.

O PRINCÍPIO DO CONHECIMENTO PÓS-MODERNO

O princípio do conhecimento pós-moderno supõe que o conhecimento é um artefato cultural socialmente construído. Com certeza, o conhecimento faz parte do reino das ideias e o fato de uma ideia ser ou não considerada "verdadeira" em uma determinada cultura diz algo acerca dessa cultura. No entanto, existem maneiras melhores e piores de obter conhecimento sobre o mundo. Os melhores

(IN)JUSTIÇA SOCIAL

métodos — razão e evidências — são inegavelmente eficazes para determinar maneiras de descrever e prever com precisão o que está ocorrendo por aí, tanto física quanto socialmente.

Precisamos rejeitar o princípio do conhecimento pós-moderno vendo-o pelo que ele é — um jogo de linguagem — e voltar ao entendimento geral de que o conhecimento *pode* ser obtido por meio dos processos da ciência liberal. Temos evidências de que a ciência funciona e, sem dúvida, ela não é racista, sexista ou imperialista. A ciência e a razão não são ideias brancas, ocidentais e masculinas, e é racista e sexista sugerir que são. A ciência e a razão pertencem a todos — na verdade, é por isso que são tão valiosas.

O princípio do conhecimento pós-moderno contém uma essência de *insight*. Desde as objeções de Foucault ao uso indevido das afirmações científicas acerca da loucura e da sexualidade até a insistência dos Teóricos críticos da raça de que os problemas das minorias não estão sendo levados a sério, o pós-modernismo está repleto de apelos para ser menos arrogante e *ouvir*. O princípio do conhecimento pós-moderno nos exorta a fazer um trabalho melhor de ouvir, considerar e investigar. No entanto, não temos obrigação de "ouvir e acreditar" ou de "calar a boca e ouvir". Não podemos abrir mão do rigor científico, nem mesmo pela melhor das causas. Não é assim que os problemas são resolvidos.

A experiência vivida não deve ser ignorada, mas precisamos da ciência e da razão porque as pessoas têm preconceitos e nem sempre podem examinar a experiência vivida de forma neutra. Por exemplo, o valor de uma lei não pode ser determinado pela experiência vivida daqueles a quem ela ajudou ou prejudicou. Ambas as perspectivas são válidas, mas incompletas. A abordagem liberal consistiria em ouvir ambas as partes, considerar os seus pontos atentamente e apresentar argumentos acerca do que precisa ser conservado e o que deve ser reformado.

Ouvir e considerar nos pede para levar a sério algumas informações importantes que poderíamos ignorar e, então, avaliar de modo justo e racional a totalidade das evidências e dos argumentos; *ouvir e acreditar* incentiva o viés de confirmação, dependendo de quem nos sentimos moralmente obrigados a ouvir. Se seguirmos essa regra, vamos errar em muitas coisas.

O PRINCÍPIO POLÍTICO PÓS-MODERNO

O princípio político pós-moderno afirma que a construção social do conhecimento está intimamente ligada ao poder. A cultura mais poderosa cria os

O LIBERALISMO COMO UMA ALTERNATIVA À JUSTIÇA SOCIAL CRÍTICA

discursos aos quais se concede legitimidade e se determina o que consideramos ser verdade e conhecimento de maneira a manter o seu domínio.

O princípio político pós-moderno precisa desaparecer. Sim, discursos nocivos podem ganhar poder indevido, disfarçar-se como conhecimento legítimo e, assim, prejudicar a sociedade e as pessoas. Devemos ter consciência disso. A ideia pós-moderna de que as pessoas nascem em certos discursos que moldam o seu entendimento tem validade, mas a ideia de que elas aprendem a repetir esses discursos a partir das suas posições na estrutura de poder, sem sequer perceber o que estão fazendo, é prejudicial e absurda. A alegação de que, por exemplo, as mulheres negras que defendem ideias da Justiça Social Crítica estão *"woke"* e que todas as outras mulheres negras que não aceitam tais ideias sofreram uma lavagem cerebral para empregar discursos de poder que as oprimem é uma ideia arrogante e presunçosa — mas é o que acontece quando vinculamos conhecimento a identidade e rejeitamos diferenças de opinião de pessoas que consideramos que sofreram lavagem cerebral.

Como liberais, não temos que fazer isso. Podemos apoiar os argumentos dos liberais de cada grupo identitário e avaliar se correspondem à realidade sem alegar que qualquer crença é representativa de "mulheres" ou de "pessoas não brancas".

1. A INDEFINIÇÃO DE FRONTEIRAS

Ser cético em relação a categorias e limites rígidos é uma boa ideia. Eles devem ser testados, espicaçados, pressionados e movidos. Porém, o ceticismo radical, que não tem nenhum método para melhorar a precisão das categorias e apenas desconfia das categorias por princípio, é inútil. Ele não afeta a realidade fundamental. Por outro lado, podemos usar a razão para tirar conclusões provisórias, criar modelos hipotéticos e testá-los. A ciência e a razão dão informações que podemos utilizar para fortalecer os argumentos *liberais* e desmascarar tanto os argumentos socialmente conservadores quanto os pós-modernos.

A ideia pós-moderna da Teoria *queer*, de que as categorias são inerentemente opressoras, é simplista e injustificada. Se alguém quiser sustentar que homens e mulheres não se encaixam em parâmetros convencionais e, portanto, não devem ser limitados por estereótipos tradicionalmente atribuídos ao seu sexo, a ciência e o liberalismo podem ser usados de maneira melhor para defender o seu caso. Cognitiva e psicologicamente, homens e mulheres são populações sobrepostas com distribuições um tanto diferentes de características médias. Isso significa que podemos prever tendências, mas, na verdade, os dados não nos dizem muito sobre indivíduos específicos.

Para os Teóricos *queer*, que receiam que a dependência na biologia confine homens e mulheres a papéis distintos, dizemos: "Olhem para os dados". Os dados já são bastante *queer* [estranhos]. A ciência já sabe que a variação humana existe e que a natureza tende a ser confusa.

2. O PODER DA LINGUAGEM

A linguagem possui o poder de convencer e persuadir, mudar mentes e transformar a sociedade, mas precisamos interagir com os outros para descobrir o que é verdade. Mesmo os seres humanos mais inteligentes raciocinam mal quando estão sozinhos ou em grupos ideologicamente homogêneos, porque utilizamos a razão sobretudo para justificar os nossos desejos e as nossas crenças e intuições subjacentes. Estamos no nosso melhor em um grupo de pessoas com diferentes intuições e diferentes raciocínios, quando ninguém consegue escapar impune com uma afirmação em causa própria sem contestação. É por isso que defendemos um mercado de ideias, para que os seres humanos possam empregar o poder da linguagem para reunir todas as suas ideias e ver quais são as melhores.

O poder de especificar quais ideias são boas e quais são proibidas está sempre nas mãos daqueles que sustentam a visão da maioria (ou que detêm o poder político). Banir algumas ideias e impor outras não é a maneira certa de alcançar a justiça social. Historicamente, a censura tem sido terrível para minorias de todos os tipos e não há nenhuma razão para acreditar que a Teoria contém um ingrediente mágico que pode fazer a censura funcionar de modo diferente.

3. O RELATIVISMO CULTURAL

Algumas culturas fazem as coisas de maneira diferente. Na maioria dos casos, as diferenças não importam muito e são interessantes de aprender e compartilhar. Todos nós vivemos no mesmo mundo. Somos todos seres humanos em primeiro lugar, e seres humanos de culturas específicas em segundo. Grande parte do que é verdade acerca de nós, como seres humanos, é verdade sobre todos nós.

Dito isso, é perigoso e absurdo fingir que não podemos fazer nenhum julgamento das práticas de uma cultura diferente da nossa. A justiça social só pode ser cumprida se tivermos princípios consistentes. As alegações de que apenas aqueles de dentro de uma cultura podem criticar a opressão do seu próprio grupo são uma falha de empatia e consistência ética. Ao acreditar na liberdade individual e nos direitos humanos universais, podemos apoiar aqueles que defendem a libertação onde quer que estejam. Não devemos hesitar em apoiar a igualdade de direitos, as oportunidades e as liberdades de todas as mulheres, de todas as pessoas LGBT e de todas as minorias raciais e religiosas. Esses valores não pertencem ao Ocidente — eles deveriam pertencer a todos.

4. A PERDA DO INDIVIDUAL E DO UNIVERSAL

Os seres humanos existem em três níveis ao mesmo tempo: como indivíduos, como membros de grupos e como membros da raça humana em geral. Os Teóricos estão especialmente preocupados com o nível da comunidade e seria errado negar que eles têm razão. As pessoas de grupos são uma parte do impacto de como elas experimentam o mundo e as oportunidades disponíveis a elas. Embora o liberalismo esteja certo em partir do pressuposto de que os indivíduos têm direitos inalienáveis que lhes são conferidos em virtude de pertencerem à classe universal da humanidade, uma visão liberal que se concentra apenas no indivíduo e na humanidade em geral pode deixar de ver como certos grupos dentro da sociedade estão em desvantagem, talvez por classe social ou por identidade racial ou sexual. Devemos prestar bastante atenção ao tratamento dos grupos, mas não à exclusão de tudo mais.

As abordagens da Justiça Social Crítica que se concentram *exclusivamente* na identidade grupal estão condenadas ao fracasso, pois as pessoas são indivíduos e compartilham uma natureza humana comum. Não existe uma única "voz de pessoas de cor" — ou de mulheres, *trans*, *gays*, pessoas com deficiência ou pessoas gordas. Mesmo uma amostra aleatória relativamente pequena retirada de qualquer um desses grupos revelará visões individuais bastante variadas. Sim, grupos podem ser submetidos à opressão, mas essa opressão é errada justamente porque provoca a alienação dos direitos inalienáveis dos indivíduos afetados. Evidentemente, os indivíduos que experimentam a opressão são os mais propensos a ter consciência dela e, assim, precisamos "ouvir", mas também temos que "considerar". Em particular, precisamos ouvir e considerar uma variedade de experiências e opiniões dos membros de grupos oprimidos, não apenas um único que foi rotulado de "autêntico" porque representa a visão essencializada da Teoria.

(IN)JUSTIÇA SOCIAL

As mensagens de Martin Luther King Jr., das feministas liberais e dos ativistas do Orgulho *Gay* das décadas de 1960 e 1970 eram fortemente liberais, individuais e universais. "Eu tenho um sonho de que um dia os meus quatro filhos pequenos viverão em uma nação em que não serão julgados pela cor da sua pele, mas pelo conteúdo do seu caráter", o dr. King disse no seu discurso mais famoso, apelando ao orgulho dos norte-americanos brancos do seu país como a terra de oportunidades e ao seu senso de justiça, e compartilhando as suas esperanças para a próxima geração. Com razão, ele caracterizou a opressão dos negros norte-americanos como tendo direitos injustamente revogados, em vez de ser o resultado de "privilégios" injustamente concedidos a outros. Ele invocou a empatia e enfatizou a nossa humanidade compartilhada. Será que se ele, como Robin DiAngelo, tivesse pedido aos norte-americanos brancos que fossem "um pouco menos brancos, o que significa um pouco menos opressores, indiferentes, defensivos, ignorantes e arrogantes", o seu discurso teria surtido o mesmo efeito? Provavelmente, não. O dr. King foi capaz de repercutir os impulsos comuns da natureza humana que eram compartilhados por pessoas de todas as identidades.

Os seres humanos são capazes de grande empatia e de terrível insensibilidade e violência. Nós evoluímos dessa maneira porque precisávamos cooperar nos nossos próprios grupos e competir contra os outros. Às vezes, a nossa empatia se limita àqueles que consideramos membros da nossa própria tribo, e liberamos o nosso desprezo insensível e violência contra aqueles que consideramos concorrentes ou inimigos. O humanismo liberal alcançou uma igualdade humana sem precedentes ao nos permitir expandir os nossos círculos de empatia. Ao dividir seres humanos em grupos identitários marginalizados e opressores, a Justiça Social Crítica corre o risco de alimentar as nossas piores tendências — o nosso tribalismo e o nosso espírito vingativo.

O mais frustrante acerca da Teoria é que ela tende a considerar literalmente tudo ao contrário. Trata as categorias raciais como algo importantíssimo, o que inflama o racismo. Descreve sexo, gênero e sexualidade como meras construções sociais, o que solapa o fato de que as pessoas muitas vezes passam a aceitar minorias sexuais porque percebem que as pessoas são quem elas são naturalmente. É muito provável que a Teoria entre em combustão espontânea em algum momento, mas poderá causar muito sofrimento humano e danos sociais antes disso. Se perdermos as instituições que ela atava, poderá ser catastrófico para a nossa sociedade. Historicamente, isso tendeu a deixar as nações à mercê de fascistas e daqueles que simbolizam a política de extrema-direita, que representam uma enorme ameaça ao liberalismo.

160

O LIBERALISMO COMO UMA ALTERNATIVA À JUSTIÇA SOCIAL CRÍTICA

Combustível para a política identitária de extrema-direita

Um dos maiores problemas com a política de identidade da esquerda identitária é que ela dá espaço para a política de identidade da supremacia branca e para o extremismo de direita respirarem. A política de identidade da supremacia branca, havia muito, sustentava que os brancos deviam deter todo o poder em uma sociedade e as posições extremistas da direita tendem a reivindicar que certos aspectos da cultura ocidental, incluindo vários que são iliberais, deviam dominar o mundo, que os homens deviam ter um papel dominante na esfera pública, e as mulheres, um papel passivo no lar, e que a homossexualidade é uma perversão e moralmente má.

Os liberais que lideraram o Movimento pelos Direitos Civis, o feminismo liberal e o Orgulho *Gay* venceram de forma esmagadora a batalha de ideias sobre raça, gênero e sexualidade na segunda metade do século xx. Eles foram tão bem-sucedidos que, no final da primeira década do século xxi, os conservadores tradicionais também aceitaram em grande medida esse progresso social duramente conquistado. Considere como, tão recentemente quanto as eleições presidenciais norte-americanas de 2008, até os políticos democratas eram contra o casamento entre pessoas do mesmo sexo. Atualmente, ele é legal em todos os cinquenta estados dos Estados Unidos e está ficando difícil encontrar conservadores que queiram revogá-lo.

Essa mudança drástica e rápida na concepção da sociedade sobre os papéis de gênero, das relações raciais e da liberdade sexual ainda é muito frágil e nova, e precisa de proteção. As feministas liberais levaram muito tempo para repelir os estereótipos de as mulheres serem propensas à histeria e ao pensamento emocional, serem sensíveis demais para lidar com a esfera pública e precisarem ser protegidas de ideias ou pessoas difíceis. Demorou muito para que as minorias raciais fossem reconhecidas como iguais, mesmo depois que as leis mais racistas foram revogadas. Lésbicas, *gays*, bissexuais e transgêneros não foram aceitos imediatamente assim que as suas vidas sexuais foram descriminalizadas, as suas identidades de gênero foram legalmente apoiadas e os seus relacionamentos comprometidos, reconhecidos em casamento. À parte as batalhas legais, eles travaram uma longa batalha cultural para convencer os conservadores sociais de que não tinham nenhum plano para destruir a família, a heterossexualidade, a masculinidade ou a feminilidade.

161

(IN)JUSTIÇA SOCIAL

Em apenas algumas décadas, tornou-se normal que as mulheres tivessem carreiras profissionais e fossem consideradas adultas competentes. Mais pessoas de minorias raciais se tornaram professores, médicos, juízes, cientistas, políticos e contadores. Um número cada vez maior de *gays* e lésbicas se sentiu à vontade para falar dos seus parceiros socialmente e no trabalho, e para ser fisicamente afetuosos em público. A aceitação de pessoas *trans* está demorando mais, mas a situação estava melhorando — pelo menos até recentemente.

Agora, a Justiça Social Crítica ameaça reverter grande parte desse progresso. Ela faz isso de duas maneiras.

Em primeiro lugar, as abordagens da Justiça Social Crítica reforçam os estereótipos negativos pelo tipo de Teorias que desenvolve. Grande parte do seu feminismo trata as mulheres como crianças, sugerindo que elas são frágeis, tímidas, carecem de ação e precisam que a esfera pública seja suavizada para elas. Argumenta a favor da "justiça em pesquisa" baseada em crenças tradicionais e religiosas, emoções e experiências vividas sobretudo por outras pessoas não brancas, sugerindo que a ciência e a razão não são para elas. As tentativas de impor no que as pessoas devem acreditar acerca de gênero e sexualidade e a linguagem com a qual devem expressar essas crenças estão criando rapidamente uma resistência hostil à aceitação geral das pessoas *trans* em particular.

Em segundo lugar, a abordagem crítica da Justiça Social Crítica incentiva o tribalismo e a hostilidade devido à sua abordagem agressivamente desagregadora. Os movimentos pelos direitos civis funcionaram muito bem porque usaram uma abordagem universalista — todos deveriam ter direitos iguais — que apelava às intuições humanas de justiça e empatia. A Justiça Social Crítica utiliza uma abordagem simplista de política identitária que atribui culpa coletiva aos grupos dominantes — os brancos são racistas, os homens são sexistas e os heterossexuais são homofóbicos. Isso contraria explicitamente o valor liberal de não julgar as pessoas por sua raça, gênero ou sexualidade. Esse tipo de retórica pode provocar um movimento contrário da velha política identitária de direita — "raça, gênero e sexualidade são importantes, e a branquitude, a masculinidade e o heterossexualismo são os melhores".

Se for socialmente aceitável falar de maneira depreciativa de "branquitude", ao mesmo tempo que vemos "antinegritude" por toda parte e exigimos punição de alguém que possa ser interpretado pela Teoria como a expressando, isso será experimentando como injusto pelos brancos. Se se tornar aceitável falar odiosamente dos homens e, ao mesmo tempo, ser hipersensível a qualquer coisa que possa ser interpretada pela Teoria como depreciativa em relação às mulheres, quase metade da

O LIBERALISMO COMO UMA ALTERNATIVA À JUSTIÇA SOCIAL CRÍTICA

população (assim como grande parte da outra metade que gosta delas) tenderá a digerir mal isso. Se os cisgêneros, que correspondem a 99,5% da população, forem acusados de transfobia por simplesmente existirem, por deixarem de usar a terminologia correta, por permitirem que os órgãos genitais influenciem as suas preferências de namoro ou até por terem crenças de Teoria não *queer* acerca de gênero, isso tenderá a resultar em antagonismo injusto contra as pessoas *trans*.

A extrema-direita cresceu, nos últimos anos, sobretudo na Europa. Na nossa opinião, todos nós podemos ajudar a deter o seu crescimento quando não damos oxigênio a outros movimentos que também acreditam que raça, gênero e sexualidade são importantes. Em vez disso, todos devemos fortalecer os sistemas e a filosofia liberais que funcionaram tão bem para nós nos últimos cinquenta anos. Vozes razoáveis e moderadas da esquerda, do centro e da centro-direita devem se manifestar para impedir retrocessos autoritários de extrema-direita a todo custo.

Então... o que podemos fazer?

Achamos que a resposta é um princípio liberal chamado *secularismo*, amplamente interpretado.

Em geral, o secularismo é entendido apenas como um princípio legal: a "separação entre a Igreja e o Estado". O princípio do secularismo se baseia em uma ideia filosófica profunda — qual seja, mesmo se você acha que está de posse da verdade, não tem o direito de impor a sua crença à sociedade em geral. Junto com isso, vem o direito de rejeitar e criticar ideias. Em uma sociedade secular, ninguém deve ser punido por rejeitar a religião ou qualquer outra ideologia.

Como uma religião, a Justiça Social Crítica parou de buscar conhecimento porque acredita que já tem A Verdade. Uma coisa é acreditar que o conhecimento é um constructo cultural utilizado para impor poder e que isso pode ser injusto — essa é uma ideia que pode ser levada ao mercado de ideias. Mas outra coisa é tomar essa crença como um dado e dizer que discordar é um ato de domínio e opressão. É ainda pior dizer que discordar significa ser cúmplice do mal moral ou pecado. O secularismo significa que ninguém deve ser obrigado a aceitar ou apoiar falsamente uma crença que não compartilha.

Defendemos duas abordagens para o problema da Justiça Social Crítica. Primeiro, devemos nos opor a que o seu sistema de crenças se torne parte de instituições como governo e universidade, o que é desafiador porque isso praticamente

(IN)JUSTIÇA SOCIAL

já aconteceu. Como liberais, devemos defender o direito das pessoas de não acreditar na Justiça Social Crítica, assim como devemos defender o direito delas de acreditar nela se assim o desejarem. Todas as instituições e organizações públicas devem exigir que os seus alunos, funcionários e usuários não discriminem *ninguém* e defendam a igualdade, mas não devem exigir declarações formais de crença na diversidade, equidade e inclusão, ou na diversidade obrigatória ou no ensino de equidade — nem deveriam avaliar se a discriminação ocorreu simplesmente observando que existem diferenças nos resultados médios por grupos. Devemos nos opor a essas declarações formais de crença da mesma maneira que nos oporíamos a crenças exigidas no cristianismo, no islamismo ou na cientologia, ou na igreja, na mesquita ou na frequência auditada, e devemos nos opor a alegações simplistas de discriminação que ignoram os papéis desempenhados pelas escolhas individuais e as intenções dos envolvidos na adoção de políticas.

Segundo, devemos travar uma batalha justa contra as ideias da Justiça Social Crítica. Não acreditamos que as más ideias possam ser derrotadas sendo reprimidas. Elas devem ser encaradas, da mesma maneira que um cavaleiro deve enfrentar um dragão para derrotá-lo. Em vez de espadas, derrotar a Justiça Social Crítica é possível se nos armarmos com a razão, o liberalismo, a igualdade, o mérito e o secularismo. Isso inclui permitir a difícil conversa sobre quais aspectos da Justiça Social Crítica não devem receber patrocínio estatal por meio do dinheiro do pagador de impostos — uma questão sobre a qual os liberais podem discordar. Apenas mediante essas ferramentas poderosas podemos expor as más ideias da Justiça Social Crítica e talvez, com o tempo, resgatar o que é útil no estudo acadêmico sobre Justiça Social Crítica e reformá-la.

Conclusão: respostas com princípios à injustiça social

A Teoria promete uma revolução. O liberalismo não é tão *sexy* — melhorias pequenas e lentas podem parecer bastante inadequadas quando há gente sofrendo *neste momento* —, mas está certo.

Você não precisa se tornar um especialista em todos os grandes pensadores liberais, nem estudar incansavelmente a Teoria e a Justiça Social Crítica para refutá-la. O que você precisa é de um pouco de conhecimento e uma quantidade significativa de coragem. Você precisa reconhecer a Teoria quando a vê e assumir a postura liberal — o que pode significar apenas dizer: "Não, essa é a sua crença e eu não tenho que concordar com ela". Ao contrário da crença popular (na Justiça Social Crítica, pelo menos), isso não faz de você uma má pessoa. Isso faz de você *quem você é*.

Para facilitar, gostaríamos de terminar com alguns exemplos de como você pode reconhecer a injustiça social e, ao mesmo tempo, rejeitar as soluções da Justiça Social Crítica. Cada exemplo começa com um tema de discussão acerca da Justiça Social Crítica e segue com afirmações que você pode usar para expressar o seu apoio à luta contra a injustiça, seguindo pelo caminho liberal.

Esperamos que isso o ajude a combater o bom combate.

QUESTÕES DE RAÇA E RACISMO

Alegação baseada na Teoria: "A nossa sociedade é inerentemente racista."
Resposta com princípios: "O racismo continua a ser um problema na sociedade e precisa ser enfrentado, mas o racismo é encarado de maneira amplamente negativa."

Alegação baseada na Teoria: "Para corrigir as questões raciais, as pessoas devem admitir e desmantelar o seu racismo."
Resposta com princípios: "As questões raciais são mais bem resolvidas por meio das abordagens baseadas em evidências para se opor sistematicamente à discriminação racial."

Alegação baseada na Teoria: "O racismo é 'poder mais preconceito'."
Resposta com princípios: "O racismo envolve 'atitudes preconceituosas e comportamentos discriminatórios contra indivíduos ou grupos com base na raça'."

Alegação baseada na Teoria: "Todos desempenham constantemente um papel na perpetuação do racismo."
Resposta com princípios: "Discordo de que o racismo exista em todas as interações entre as pessoas de diferentes raças."

Alegação baseada na Teoria: "A melhor maneira de lidar com o racismo é reconhecer cada um como membro de um grupo racial."
Resposta com princípios: "A melhor maneira de lidar com o racismo é ver uns aos outros como indivíduos e outros seres humanos, e não basicamente como categorias raciais."

(IN)JUSTIÇA SOCIAL

Alegação baseada na Teoria: "Todos os brancos são racistas."
Resposta com princípios: "Fazer generalizações negativas acerca de grupos identitários, mesmo grupos majoritários, é sempre ruim."

QUESTÕES DE SEXO E SEXISMO

Alegação baseada na Teoria: "O mundo moderno é misógino."
Resposta com princípios: "As atitudes sexistas ainda existem na sociedade e precisam ser confrontadas."

Alegação baseada na Teoria: "Não há diferença entre homens e mulheres."
Resposta com princípios: "Homens e mulheres são muito mais semelhantes do que diferentes, mas existem algumas diferenças."

Alegação baseada na Teoria: "Toda vez que existir uma lacuna entre conquistas masculinas e femininas, é um sinal de discriminação sexista."
Resposta com princípios: "A discriminação sexista pode acontecer, mas nem todas as lacunas entre os resultados das conquistas de homens e mulheres é um sinal de que a discriminação sexista aconteceu."

Alegação baseada na Teoria: "A linguagem sexista oprime as mulheres."
Resposta com princípios: "A linguagem sexista é incorreta, mas não é usada apenas contra as mulheres e pode ser confrontada com uma linguagem que se opõe ao sexismo."

QUESTÕES DE IDENTIDADE LGBT E PRECONCEITO ANTI-LGBT

Alegação baseada na Teoria: "A homofobia e a transfobia estão em toda parte."
Resposta com princípios: "A discriminação e o preconceito contra as minorias sexuais continuam a ser um problema na sociedade, mas a maioria das pessoas reconhece isso como algo errado."

Alegação baseada na Teoria: "Haveria menos preconceito se todos se dessem conta de que gênero (ou até mesmo sexo) é um constructo social."
Resposta com princípios: "Seria um mundo muito melhor se mais pessoas aceitassem pessoas de gênero atípico, mas isso não se consegue ao se negar a existência de diferenças entre homens e mulheres, na média, devido à biologia."

Alegação baseada na Teoria: "Ser LGBT é uma declaração política em oposição às normas sexuais."
Resposta com princípios: "Ser LGBT é uma variação que ocorre naturalmente, e devemos aceitar as pessoas LGBT do jeito que são, como indivíduos, sem transformar essa variação natural em uma declaração política."

Alegação baseada na Teoria: "Se alguém disser que tem uma identidade de gênero ou sexualidade específica, essa é a sua experiência vivida e deve ser aceita."
Resposta com princípios: "Embora raramente haja necessidade de questionar a identidade de gênero ou sexual de qualquer indivíduo, muitos cientistas de sexo e gênero estão preocupados com o fato de que a disforia de gênero entre os jovens não é necessariamente mais bem tratada pela aceitação acrítica e afirmação de uma identidade transgênero, mas por uma investigação e avaliação mais cuidadosas."

Alegação baseada na Teoria: "Ser heterossexual e cisgênero apoia a cis-heteronormatividade e é problemático."
Resposta com princípios: "Ser heterossexual e cisgênero é uma variação que ocorre naturalmente (isso é estatisticamente muito provável), e devemos aceitar as pessoas heterossexuais e cisgênero como são como indivíduos, sem transformar a sua identidade de gênero ou sexualidade em uma declaração política."

Alegação baseada na Teoria: "Os meus pronomes são [sejam quais forem], e você deve respeitá-los."
Reposta com princípios: "Eu respeito a sua pessoalidade e farei a cortesia de respeitar os pronomes que você diz identificá-lo, desde que você respeite a minha pessoalidade e o meu direito de não ser obrigado a manter qualquer crença específica ou fazer qualquer declaração específica, incluindo a dos seus pronomes."

QUESTÕES DE ABORDAGEM DA JUSTIÇA SOCIAL

Alegação baseada na Teoria: "Se você não acredita que as abordagens da Justiça Social Crítica são a maneira de se opor ao racismo, ao sexismo e a outros preconceitos, você é racista/sexista/preconceituoso."
Resposta com princípios: "Considero que o humanismo liberal é a melhor maneira de se opor ao racismo, ao sexismo e a outros preconceitos, e se você discorda de mim, podemos discutir as nossas diferenças, apresentando argumentos fundamentados e evidenciados das nossas próprias posições e considerando atentamente os pontos de vista mútuos."

GLOSSÁRIO

Construtivismo cultural/social: Uma abordagem em relação ao conhecimento que supõe que o que pensamos ser verdade foi, na realidade, construído pela dinâmica de poder na sociedade e na cultura. Isso se opõe à visão científica de que existem verdades objetivas das quais podemos nos aproximar com o uso das evidências e da razão. Exemplo: a crença de que os homens são socializados apenas para serem violentos e não são naturalmente mais propensos à violência do que as mulheres, seja por fatores evolucionários ou hormonais, é uma visão construtivista cultural ou social. Adotar essa abordagem com a perspectiva e os métodos adicionais da Teoria Crítica é chamado de *construtivismo crítico*, que é o termo acadêmico para o que chamamos de "pós-modernismo aplicado" ao longo deste livro.

Discurso: A maneira pela qual algo é falado ou o contexto cultural mais amplo em torno de um tópico que indica como esse tópico é considerado. Exemplo: o discurso científico ou cristão se refere a maneiras de falar que empregam a terminologia e os pressupostos da ciência ou do cristianismo. Para os pós-modernos, certos discursos ganham poder indevido e isso mantém estruturas de poder opressoras. Pense no modo como os discursos sobre a homossexualidade mudaram, passando da pecaminosidade para um distúrbio médico e chegando simplesmente até algo que algumas pessoas são.

Empírico: Uma maneira de ver as coisas por meio de evidências. Exemplo: a alta correlação entre doenças pulmonares e tabagismo, descoberta mediante estudos e experimentos, é a evidência empírica de que fumar causa doenças.

Epistemologia: O estudo do conhecimento e, em particular, as maneiras pelas quais determinamos o que é e o que não é conhecimento.

Hegemonia: O *soft power* (que apesar do "*soft*" no nome é, na verdade, avassalador) da cultura mediado por meio das suas normas, crenças, expectativas, práticas e instituições. Ou seja, "do jeito que as coisas são".

GLOSSÁRIO

Metanarrativa: Grandes explicações abrangentes para coisas que assumem a forma de uma história coesa.

Normatividade: A prática de designar algumas práticas — por exemplo, a heterossexualidade — como normais e, portanto, considerá-las adequadas, desejáveis ou virtuosas, e aplicá-las socialmente.

Pedagogia: A arte de ensinar.

Práxis: Ativismo em conformidade com uma visão Teórica específica. A combinação de Teoria e ativismo.

Problematizar: Encontrar problemas éticos em algo e, em seguida, mostrar os problemas para torná-los visíveis aos outros.

Teoria: No contexto deste livro, "Teoria" com T maiúsculo refere-se ao conjunto da literatura filosófica pós-moderna.

Teoria Crítica: Uma abordagem analítica desenvolvida na década de 1930 por filósofos neomarxistas do Instituto de Pesquisa Social (Escola de Frankfurt) derivada da "filosofia crítica" de Karl Marx. A Teoria Crítica se distingue (segundo o filósofo alemão Max Horkheimer) da "teoria tradicional" sob outro dos ditames de Marx — "Os filósofos se limitaram a interpretar o mundo de diversas maneiras. O que importa, porém, é transformá-lo." (Isso está gravado na lápide de Marx.) Em outras palavras, a teoria tradicional destina-se a *entender o mundo como ele é*, e a Teoria Crítica tem como objetivo transformá-lo (de uma maneira específica). Para que uma teoria se habilite como uma Teoria Crítica, ela deve atender a todos os três critérios: (1) deve ter uma visão idealizada (utópica) para a sociedade; (2) deve descrever como a sociedade existente fica aquém dessa visão e tentar trazê-la à realidade; e (3) deve inspirar o ativismo social em consonância com trazer essa visão ao mundo e em consonância com a Teoria Crítica (que Marx chamou de "práxis").

Teoria do ponto de vista: A teoria de que o conhecimento provém da identidade de alguém, que se presume que esteja relacionada ao seu *status* social ou posição na sociedade.

169

NOTAS

INTRODUÇÃO

p. 10   [Rawls] considerava que uma sociedade socialmente justa seria aquela em que qualquer indivíduo ficaria igualmente feliz por nascer em qualquer meio social ou grupo identitário, fosse no topo ou na base da sociedade: John Rawls, *A Theory of Justice* (Oxford: Oxford University Press, 1999).

p. 11   "Justiça Social Crítica" é um termo criado por duas acadêmicas da área da educação, Özlem Sensoy e Robin DiAngelo, e se baseia na história da "consciência crítica", que significa quase o mesmo que "*woke*" — ser capaz de perceber sistemas invisíveis de poder e privilégio baseados na identidade. Ver Özlem Sensoy e Robin DiAngelo, *Is Everyone Really Equal? An Introduction to Key Concepts in Social Justice Education*, 2. ed. (Nova York: Teachers College Press, 2017). Para obter mais detalhes, ver Helen Pluckrose, "What Do We Mean by Critical Social Justice", *Counterweight*, 17 de fevereiro de 2021, disponível em: counterweightsupport.com/2021/02/17/what-do-we-mean-by-critical-social-justice/ (acesso em: 18 jan. 2022).

p. 13   "As ferramentas do mestre nunca desmantelarão a casa do mestre": Audre Lorde, *Sister Outsider: Essays and Speeches* (Berkeley, CA: Crossing Press, 2007), 110-114.

CAPÍTULO 1

p. 15   "um movimento do final do século xx caracterizado por amplo ceticismo": Brian Duignan, "Postmodernism", *Encyclopedia Britannica*, 19 de julho de 2019, disponível em: britannica.com/topic/postmodernism-philosophy (acesso em: 18 jan. 2022).

p. 18   "Uma ampla mudança social e cultural está ocorrendo": Steven Seidman, ed., *The Postmodern Turn: New Perspectives on Social Theory* (Cambridge: Cambridge University Press, 1998), 1.

p. 19   "Estamos no meio de uma transição histórica ampla, confusa, tensa e muitíssimo promissora": Walter Truett Anderson, *The Fontana Postmodernism Reader* (Londres: Fontana Press, 1996), 2.

p. 21   Obras citadas de Foucault: *Madness and Civilization: A History of Insanity in the Age of Reason*, tradução para o inglês de Richard Howard e Jean Kafka (Nova York: Routledge, 2001); *Birth of the Clinic: An Archaeology of Medical Perception*, tradução para o inglês de A. M. Sheridan Smith (Londres: Tavistock, 1975); *The Archaeology of Knowledge: And the Discourse on Language*, tradução para o inglês de A. M. Sheridan Smith (Londres: Tavistock, 1972).

p. 22   "interligação estrita": Jean-François Lyotard, *The Postmodern Condition: A Report on Knowledge* (Manchester: Manchester University Press, 1991).

p. 24   "Na minha opinião, não é que tudo seja ruim": Michel Foucault, "On the Genealogy of Ethics: An Overview of Work in Progress", epílogo de *Michel Foucault: Beyond Structuralism and Hermeneutics*, 2. ed., de Hubert L. Dreyfus e Paul Rabinow (Chicago: University of Chicago Press, 1983).

p. 24   "As nossas hipóteses (...) [elas] não devem receber": Lyotard, *Postmodern Condition*, 7.

p. 25   "não há nada (leia-se: nenhum significado) fora do texto": Jacques Derrida, *Of Grammatology*, tradução para o inglês de Gayatri Chakravorty Spivak (Baltimore: Johns Hopkins University Press, 1976). Parênteses adicionados.

NOTAS

p. 25 "a morte do autor": Roland Barthes, "The Death of the Author", *Aspen*, n. 5-6, disponível em: ubu.com/aspen/aspen5and6/threeEssays.html (acesso em: 18 jan. 2022).

CAPÍTULO 2

p. 29 Um ramo do feminismo criado por acadêmicas afro-americanas: ver, por exemplo, Patricia Hill Collins, *Black Feminist Thought: Knowledge, Consciousness, and the Politics of Empowerment* (Nova York: Routledge, 2015).

p. 31 "*Je pense, donc je suis*": René Descartes, *Discourse on the Method: The Original Text with English Translation* (Erebus Society, 2017).

p. 32 Ensaio de Kimberlé Crenshaw: "Mapping the Margins: Intersectionality, Identity Politics, and Violence against Women of Color", *Stanford Law Review* 43, n. 6 (1991).

p. 34 Portanto, de acordo com essa visão, é uma obrigação moral: Andrew Jolivétte, *Research Justice: Methodologies for Social Change* (Bristol, Inglaterra: Policy Press, 2015).

p. 34 "justiça epistêmica": Miranda Fricker, *Epistemic Injustice: Power and the Ethics of Knowing* (Oxford: Oxford University Press, 2007).

p. 34 "opressão epistêmica": Kristie Dotson, "Conceptualizing Epistemic Oppression", *Social Epistemology* 28, n. 2 (2014).

p. 34 "exploração epistêmica": Nora Berenstain, "Epistemic Exploitation", *Ergo* 3, n. 22 (2016).

p. 34 "violência epistêmica": Gayatri Chakravorty Spivak, "Can the Subaltern Speak?", *in Marxism and the Interpretation of Culture,* ed. Cary Nelson e Lawrence Grossberg (Chicago: University of Illinois Press, 1988).

p. 35 Artigo citado: Breanne Fahs e Michael Karger, "Women's Studies as Virus: Institutional Feminism, Affect, and the Projection of Danger", *Multidisciplinary Journal of Gender Studies* 5, n. 1 (2016).

p. 36 Engenheiros norte-americanos foram demitidos: Sean Stevens, "The Google Memo: What Does the Research Say about Gender Differences?" *Heterodox Academy*, 2 fev. 2019, disponível em: heterodoxacademy.org/blog/the-google-memo-what-does-the-research-say-about-gender-differences/ (acesso em: 18 jan. 2022)

p. 36 Comediantes britânicos foram demitidos: Emma Powell e Patrick Graham-Green, "Danny Baker Fired by BBC Radio 5 Live over Racist Royal Baby Tweet", *Evening Standard*, 9 de maio de 2019.

CAPÍTULO 3

p. 38 Obras de Frantz Fanon: *Black Skin, White Masks,* tradução para o inglês de Richard Philcox (Nova York: Penguin Books, 2019); *A Dying Colonialism*, tradução para o inglês de Haakon Chevalier (Middlesex: Penguin Books, 1970); *The Wretched of the Earth,* tradução para o inglês de Constance Farrington (Harmondsworth: Penguin, 1967).

p. 39 Livro de Edward Said: *Orientalism* (Londres: Penguin, 2003).

p. 39 Said se baseou sobretudo em Fanon e Foucault: Mathieu E. Courville, "Genealogies of Postcolonialism: A Slight Return from Said and Foucault Back to Fanon and Sartre", *Studies in Religion/Sciences Religieuses* 36, n. 2 (2007).

p. 40 Joseph Conrad, *Heart of Darkness and Other Stories* (Nova York: Barnes & Noble, 2019).

p. 40 "O meu argumento é que a história é feita por homens e mulheres": Said, *Orientalism*, xviii.

p. 41 "essencialismo estratégico": Gayatri Chakravorty Spivak, "Subaltern Studies: Deconstructing Historiography", in *Selected Subaltern Studies,* ed. Ranajit Guha e Gayatri Chakravorty Spivak (Nova York: Oxford University Press, 1988), 13.

p. 41 "Derrida marca a crítica radical": Spivak, "Can the Subaltern Speak?", 308.

p. 42 "Se, durante algum tempo, o ardil do desejo é calculável": The Bad Writing Contest, disponível em: denisdutton.com/bad_writing.htm (acesso em: 18 jan. 2022).

p. 42 "A linguagem da teoria é apenas mais um estratagema do poder": Homi K. Bhabha, *The Location of Culture* (Londres: Routledge, 1994), 20-21.

p. 43 "A natureza criou uma raça de trabalhadores": Joseph-Ernest Renan, *La Réforme intellectuelle et morale (1871),* como citado em Ahdaf Soueif, "The Function of Narrative in the War on Terror", *in War on Terror,* ed. Christ Miller (Manchester: Manchester University Press, 2009), 30.

p. 45 Pode referir-se a iniciativas de inclusão de mais acadêmicos: Mariya Hussain, "Why Is My Curriculum White?". *National Union of Students*, 11 de março de 2015; Malia Bouattia e Sorana Vieru, "#Liberate-MyDegree@NUS Connect", *NUS Connect.*

p. 45 *maneiras alternativas de pensamento*: Gurminder K. Bhambra, Dalia Gebrial e Kerem Nişancıoğlu, eds., *Decolonising the University* (Londres: Pluto Press, 2018), 1-2.

PENSADORES DA LIBERDADE

p. 46   "O desprezo do conhecimento negro pela sociedade": Kehinde Andrews, "Introduction", *in Rhodes Must Fall: The Struggle to Decolonise the Racist Heart of Empire,* ed. Roseanne Chantiluke, Brian Kwoba e Athinangamso Nkopo (Londres: Zed Books, 2018), 4.

p. 47   "A sensação pública do que é a história": Dalia Gebrial, "Rhodes Must Fall: Oxford and Movements for Change", *in Decolonising the University,* ed. Gurminder K. Bhambra, Dalia Gebrial e Kerem Nişancıoğlu (Londres: Pluto Press, 2018), 24.

p. 49   "A 'justiça em pesquisa' é um arcabouço estratégico": Andrew Jolivétte, *Research Justice: Methodologies for Social Change* (Bristol, Inglaterra: Policy Press, 2015), 5.

p. 50   "Essas obras estão no centro": Kagendo Mutua e Beth Blue Swadener, *Decolonizing Research in Cross-Cultural Contexts: Critical Personal Narratives* (Albany, NY: SUNY Press, 2011).

p. 50   "Da perspectiva do colonizado": *Ibid.,* 2.

p. 51   "a ciência moderna é tanto uma tradição local do Ocidente": Meera Nanda, "We Are All Hybrids Now: The Dangerous Epistemology of Post-colonial Populism", *Journal of Peasant Studies* 28, n. 2 (2001),165.

p. 51   "O ânimo da teoria pós-moderna/pós-colonial": *Ibid.,* 165.

p. 53   não tenha nenhuma utilidade para essas pessoas: Alan J. Bishop, "Western Mathematics: The Secret Weapon of Cultural Imperialism", *Race & Class* 32, n. 2 (1990); Laura E. Donaldson, "Writing the Talking Stick: Alphabetic Literacy as Colonial Technology and Postcolonial Appropriation", *American Indian Quarterly* 22, n. 1/2 (1998); Lucille Toth, "Praising Twerk: Why Aren't We All Shaking Our Butt?", *French Cultural Studies* 28, n. 3 (2017).

CAPÍTULO 4

p. 59   "*tudo* o que está em desacordo com o normal": David M. Halperin, *Saint Foucault: Towards a Gay Hagiography* (Nova York: Oxford University Press, 1997), 62.

p. 59   Como afirma o biólogo evolucionário E. O. Wilson: E. O. Wilson, "From Sociobiology to Sociology", *in Evolution, Literature, and Film: A Reader,* ed. Brian, Joseph Carroll e Jonathan Gottschall (Nova York: Columbia University Press, 2010), 98.

p. 60   "A sociedade que surgiu no século xix": Michel Foucault, *The History of Sexuality: Volume 1: An Introduction,* tradução para o inglês de Robert J. Hurley (Nova York: Penguin, 1990), 69.

p. 61   Foucault deu a isso o nome "biopoder": *Ibid.,* 54.

p. 61   "O poder está em toda parte": *Ibid.,* 93.

p. 61   Ensaio de Gayle Rubin: "Thinking Sex: Notes for a Radical Theory of the Politics of Sexuality", *in The Lesbian and Gay Studies Reader,* ed. Henry Abelove, Michèle Aina Barale e David M. Halperin (Abingdon: Taylor & Francis, 1993).

p. 63   Livros de Judith Butler: *Bodies That Matter: On the Discursive Limits of "Sex"* (Nova York: Routledge, 1993); *Gender Trouble* (Londres: Routledge, 2006).

p. 63   Para Butler, a missão da Teoria *queer:* Judith Butler, *Bodies That Matter,* 192-3.

p. 64   o conceito de *heterossexualidade compulsória* de Adrienne Reich: Adrienne Rich, *Compulsory Heterosexuality and Lesbian Existence* (Denver, CO: Antelope Publications, 1982).

p. 64   Como solução, Butler propôs: *Gender Trouble,* 169.

p. 65   "Em consonância com a minha ênfase": Eve Kosofsky Sedgwick, *Epistemology of the Closet* (Berkeley, CA: University of California Press, 2008), 13.

p. 66   "Uma suposição subjacente ao livro": *Ibid.,* 3.

p. 68   "o gênero possui intersecções com": *Gender Trouble,* 4.

CAPÍTULO 5

p. 73   Livros de Derrick Bell: *Race, Racism, and American Law* (Boston: Little, Brown, and Co., 1984); *And We Are Not Saved: The Elusive Quest for Racial Justice* (Nova York: Basic Books, 2008).

p. 74   Frequentemente, eles defendem o nacionalismo negro e a segregação: Mark Stern e Khuram Hussain, "On the Charter Question: Black Marxism and Black Nationalism", *Race Ethnicity and Education* 18, n. 1 (2014).

p. 75   Livro de ensaios de Patricia J. Williams: *The Alchemy of Race and Rights* (Cambridge, MA: Harvard University Press, 1991).

p. 75   Livro de Richard Delgado e Jean Stefancic: *Critical Race Theory: An Introduction,* 3. ed. (Nova York: New York University Press, 2017).

p. 78   A acadêmica e ativista feminista negra bell hooks, por exemplo, escreveu: bell hooks, "Postmodern Blackness", *in The Fontana Postmodern Reader,* ed. Walter Truett Anderson (Londres: Fontana Press, 1996), 117.

NOTAS

p. 78   Artigo de Kimberlé Crenshaw: "Demarginalizing the Intersection of Race and Sex: A Black Feminist Critique of Antidiscrimination Doctrine, Feminist Theory and Antiracist Politics", *University of Chicago Legal Forum* 1, n. 8 (1989), chicagounbound.uchicago.edu/uclf/vol1989/iss1/8.

p. 79   Ensaio de Kimberlé Crenshaw: "Mapping the Margins: Intersectionality, Identity Politics, and Violence against Women of Color", *Standford Law Review* 43, n. 6 (1991): 1224n9.

p. 83   Homens brancos *gays* e pessoas de cor não negras são informadas: Adam Fitzgerald, "Opinion: Time for Cis-Gender White Men to Recognize Their Privilege", *news.trust.org*, 2 de maio de 2019, disponível em: news.trust.org/item/20190502130719-tpcky/ (acesso em: 18 jan. 2022); Jezzika Chung, "How Asian Immigrants Learn Anti-Blackness from White Culture, and How to Stop It", *Huffington Post,* 7 de setembro de 2017, disponível e: www.huffpost.com/entry/how-asian-americans-can-stop-contributing-to-anti-blackness_b_599f0757e4bocb7715bfd3d4 (acesso em: 18 jan. 2022).

p. 83   Os negros de pele mais clara são informados: Kristel Tracey, "We Need to Talk about Light-skinned Privilege", *Media Diversified,* 7 de fevereiro de 2019, disponível em: mediadiversified.org/2018/04/26/we-need-to-talk-about-light-skinned-privilege/ (acesso em: 18 jan. 2022).

p. 83   Os negros heterossexuais têm sido descritos como: Damon Young, "Straight Black Men Are the White People of Black People", *Root,* 19 de setembro de 2017, disponível em: verysmartbrothas.theroot.com/straight-black-men-are-the-white-people-of-black-people-1814157214 (acesso em: 18 jan. 2022).

p. 83   homens *trans* (...) agora possuem privilégios masculinos: Miriam J. Abelson, "Dangerous Privilege: Trans Men, Masculinities, and Changing Perceptions of Safety", *Sociological Forum* 29, n. 3 (2014).

p. 83   Homens *gays* e lésbicas podem em breve não se considerar: Sara C., "When You Say 'I Would Never Date a Trans Person', It's Transphobic. Here's Why", *Medium,* 11 de novembro de 2018, disponível em: medium.com/@QSE/when-you-say-i-would-never-date-a-trans-person-its-transphobic-here-s-why-aa6fdcf59aca (acesso em: 18 jan. 2022).

p. 83   Asiáticos e judeus estão perdendo o *status* de "marginalizados": Iris Kuo, "The 'Whitening' of Asian Americans", *Atlantic,* 13 de setembro 2018, disponível em: theatlantic.com/education/archive/2018/08/the-whitening-of-asian-americans/563336/ (acesso em: 18 jan. 2022); Paul Lungen, "Check Your Jewish Privilege", *Canadian Jewish News,* 21 de dezembro de 2018, thecjn.ca/perspectives/check-your-jewish-privilege/ (acesso em: 18 jan. 2022).

p. 83   O *queerness* precisa ser descolonizado: Zachary Small, "Joseph Pierce on Why Academics Must Decolonize Queerness", *Hyperallergic,* 10 de agosto de 2019, disponível em: hyperallergic.com/512789/joseph-pierce-on-why-academics-must-decolonize-queerness/ (acesso em: 18 jan. 2022).

p. 83   Peter Tatchell criticou *rappers* negros: Peter Tatchell, "Tag: Stop Murder Music", *Peter Tatchell Foundation,* 13 de maio de 2016, disponível em: petertatchellfoundation.org/tag/stop-murder-music/ (acesso em: 18 jan. 2022).

p. 83   Esteticistas de minorias étnicas se recusaram a depilar: Arwa Mahdawi, "It's Not a Hate Crime for a Woman to Feel Uncomfortable Waxing Male Genitalia", *Guardian,* 27 de julho de 2019, disponível em: theguardian.com/commentisfree/2019/jul/27/male-genitalia-week-in-patriarchy-women (acesso em: 18 jan. 2022).

p. 84   Livro de Ange-Marie Hancock: *Intersectionality: An Intellectual History* (Nova York: Oxford University Press, 2016).

p. 84   Livro de Jonathan Haidt e Greg Lukianoff: *The Coddling of the American Mind: How Good Intentions and Bad Ideas Are Setting Up a Generation for Failure* (Nova York: Penguin Books, 2019).

p. 85   "A questão não é 'O racismo aconteceu?'": Heather Bruce, Robin DiAngelo, Gyda Swaney (Salish) e Amie Thurber, "Between Principles and Practice: Tensions in Anti-Racist Education", apresentação na Conferência Nacional de Raça e Pedagogia, em 2014, disponível em: soundideas.pugetsound.edu/race_pedagogy/23/ (acesso em: 18 jan. 2022).

CAPÍTULO 6

p. 90   Livros citados: Simone de Beauvoir, *The Second Sex*, tradução para o inglês de H. M. Parshley (Nova York: Vintage Books, 1974); Betty Friedan, *The Feminine Mystique* (Nova York: W. W. Norton & Company, 2013); Kate Millett, Catharine A. MacKinnon e Rebecca Mead, *Sexual Politics* (Nova York: Columbia University Press, 2016); Germaine Greer, *The Female Eunuch* (Londres: Fourth Estate, 2012).

p. 92   afirmavam que, de acordo com a Teoria: Jane Pilcher e Imelda Whelehan, *Key Concepts in Gender Studies* (Los Angeles: Sage, 2017), xiii.

p. 94   Artigo de Candace West e Don H. Zimmerman: "Doing Gender", *Gender and Society* 1, n. 2 (1987).

p. 95   "Quando o movimento das mulheres começou no final da década de 1960": bell hooks, "Racism and Feminism: The Issue of Accountability", *in Making Sense of Women's Lives: An Introduction to Women's Studies*, ed. Lauri Umansky, Paul K. Longmore e Michele Plott (Lanham, MD: Rowman & Littlefield, 2000).

PENSADORES DA LIBERDADE

p. 96   Livro de Patricia Hill Collins: *Black Feminist Thought: Knowledge, Consciousness, and the Politics of Empowerment* (Nova York: Routledge, 2015).

p. 96   "O esforço de longa data para 'colorizar' a teoria feminista": Patricia Hill Collins, "Toward a New Vision: Race, Class, and Gender as Categories of Analysis and Connection", *Race, Sex & Class* 1, n. 1 (1993).

p. 97   Ensaio de Peggy McIntosh: "White Privilege: Unpacking the Invisible Knapsack", *in On Privilege, Fraudulence, and Teaching As Learning: Selected Essays 1981-2019* (Nova York: Taylor & Francis, 2019), 29-34.

p. 98   "Algumas críticas são fruto da má informação": Linda Gordon, "'Intersectionality', Socialist Feminism and Contemporary Activism: Musings by a Second-Wave Socialist Feminist", *Gender & History* 28, n. 2 (2016), 351.

p. 99   Terry Kupers na sua pesquisa sobre a masculinidade nas prisões: Terry A. Kupers, "Toxic Masculinity as a Barrier to Mental Health Treatment in Prison", *Journal of Clinical Psychology* 61, n. 6 (2005).

p. 99   "masculinidade inclusiva": Eric Anderson, *Inclusive Masculinity: The Changing Nature of Masculinities* (Londres: Routledge, 2012).

CAPÍTULO 7

p. 104   "Sem dúvida, as experiências serão culturalmente localizadas": Michael Oliver, Bob Sapey e Pam Thomas, *Social Work with Disabled People* (Basingstoke: Palgrave Macmillan, 2012), 19.

p. 105   "Tal como a heterossexualidade compulsória": Robert McRuer, *Crip Theory: Cultural Signs of Queerness and Disability* (Nova York: New York University Press, 2006), 8.

p. 106   Livro de Dan Goodley: *Disability Studies: Theorising Disablism and Ableism* (Nova York: Routledge, 2014).

p. 107   Livro de Fiona Campbell: *Contours of Ableism: The Production of Disability and Abledness* (Nova York: Palgrave Macmillan, 2012).

p. 108   Excerto de Lydia X. Z. Brown: em Jennifer Scuro, *Addressing Ableism: Philosophical Questions via Disability Studies* (Lanham, MD: Lexington Books, 2019), 70.

p. 108   Livro de Joseph Shapiro: *No Pity: People with Disabilities Forging a New Civil Rights Movement* (Nova York: Times Books, 1994).

p. 109   Excerto do diálogo entre Lydia X. Z. Brown e Jennifer Scuro: *Addressing Ableism: Philosophical Questions via Disability Studies* (Lanham, MD: Lexington Books, 2019), 70.

p. 112   Livro de Lindo Bacon: *Health at Every Size: The Surprising Truth about Your Weight* (Dallas, TX: BenBella Books, 2010).

p. 113   Livro de Charlotte Cooper: *Far Activism: A Radical Social Movement* (Bristol, Inglaterra: HammerOn Press, 2016).

p. 114   Citação de Marilyn Wann: "Prefácio", *in The Fat Studies Reader*, ed. Esther D. Rothblum e Sondra Solovay (Nova York: New York University Press, 2009), xi.

p. 114   "O fato de pessoas gordas e *queer* abraçarem com entusiasmo": Kathleen LeBesco, "Quest for a Cause: The Fat Gene, the Gay Gene, and the New Eugenics", *in The Fat Studies Reader*, 70.

p. 115   "optaram por envolver a poesia": Lucy Aphramor e Jacqui Gringas, "Disappeared Feminist Discourses on Fat in Dietetic Theory and Practice", *in The Fat Studies Reader*, 97.

p. 115   "um repensar de como as atitudes dietéticas": *Ibid.*, 100.

p. 115   "Embora não rejeitemos totalmente": John Coveney e Sue Booth, *Critical Dietetics and Critical Nutrition Studies* (Cham, Suíça: Springer, 2019), 18.

CAPÍTULO 8

p. 124   "concentrar-se no conhecimento proposicional": Alexis Shotwell, "Forms of Knowing and Epistemic Resources", *in The Routledge Handbook of Epistemic Injustice*, ed. Ian James Kid, José Medina e Gaile Pohlhaus Jr. (Londres: Routledge, 2017), 79.

p. 125   Livro de Barbara Applebaum: *Being White, Being Good: White Complicity, White Moral Responsibility, and Social Justice Pedagogy* (Lanham, MD: Lexington Books, 2010).

p. 128   Ensaio de Alison Bailey: "Tracking Privilege-Preserving Epistemic Pushback in Feminist and Critical Race Philosophy Classes", *Hypatia* 32, n. 4 (2017).

p. 130   Ensaio de Robin DiAngelo: "White Fragility", *International Journal of Critical Pedagogy* 3, n. 3 (2011); livro de Robin DiAngelo: *White Fragility: Why It's So Hard for White People to Talk about Racism* (Londres: Allen Lane, 2019).

174

NOTAS

CAPÍTULO 9

p. 135 que um dos seus colegas considerou islamofóbico: Hardeep Singh, "Why Was a Disabled Grandad Sacked by Asda for Sharing a Billy Connolly Clip?" *Spectator*, 26 de junho de 2019, disponível em: spectator.co.uk/article/why-was-a-disabled-grandad-sacked-by-asda-for-sharing-a-billy-connolly-clip- (acesso em: 18 jan. 2022).

p. 135 James Damore foi demitido pela Google: Sean Stevens, "The Google Memo: What Does the Research Say about Gender Differences?", *Heterodox Academy*, 10 de agosto de 2017, disponível em: https://heterodoxacademy.org/blog/the-google-memo-what-does-the-research-say-about-gender-differences/ (acesso em: 18 jan. 2022).

p. 135 frenesi midiático sobre identidade e representação em Hollywood: Charlotte Zoller, "How I Found a Fat-Positive Doctor Who Didn't Just Tell Me to Lose Weight", *Vice*, 15 de agosto de 2018, disponível em: vice.com/en_us/article/43ppwj/how-to-find-a-fat-positive-doctor (acesso em: 18 jan. 2022).

p. 136 o terrorismo de extrema-direita está em ascensão: Daniel Koehler, "Violence and Terrorism from the Far-Right: Policy Options to Counter na Elusive Threat", *Terrorism and Counter-Terrorism Studies*, 27 de fevereiro de 2019, disponível em: doi.org/10.19165/2019.2.02 (acesso em: 18 jan. 2022).

p. 137 só podem oferecer "educação e persuasão": Ryan Miller et al., "Bias Response Teams: Fact vs. Fiction", *Inside Higher Ed*, 17 de junho de 2019, disponível em: insidehighered.com/views/2019/06/17/truth-about-bias-response-teams-more-complex-often-thought-opinion (acesso em: 18 jan. 2022).

p. 137 detectores de sensibilidade podem ser ajustados em um nível bastante alto: Jeffrey Aaron Snyder e Amna Khalid, "The Rise of 'Bias Response Teams' on Campus", *New Republic*, 30 de março de 2016, disponível em: newrepublic.com/article/132195/rise-bias-response-teams-campus (acesso em: 18 jan. 2022).

p. 138 Houve uma retratação por causa do seu artigo: "Hypatia Editorial Office", archive.is, 18 de maio de 2017, disponível em: archive.is/kVrLb (acesso em: 18 jan. 2022).

p. 138 A *Hypatia* também sofreu catastroficamente: Jerry Coyne, "Journal Hypatia's Editors Resign, and Directors Suspend Associate Editors over Their Apology for the 'Transracialism' Article", *Why Evolution Is True*, 22 de julho de 2017, disponível em: whyevolutionistrue.wordpress.com/2017/07/22/journal-hypatias-editors-resign-and-directors-suspend-associate-editors-over-their-apology-for-the-transracialism-article/ (acesso em: 18 jan. 2022).

p. 138 apelos foram feitos para que o artigo não fosse publicado: Kelly Oliver, "If This Is Feminism..." *Philosophical Salon*, 8 de maio de 2017, disponível em: thephilosophicalsalon.com/if-this-is-feminism-its-been-hijacked-by-the-thought-police/ (acesso em: 18 jan. 2022).

p. 138 houve uma retratação em relação ao artigo por parte da revista: Peter Wood, "The Article That Made 16,000 Ideologues Go Wild", *Minding the Campus*, 4 de outubro de 2017, disponível em: mindingthecampus.org/2017/10/04/the-article-that-made-16000-profs-go-wild/ (acesso em: 18 jan. 2022).

p. 139 "Com base em visões de mundo indígenas": Enrique Galindo e Jill Newton, eds. *Proceedings of the 39th Annual Meeting of the North American Chapter of the International Group for the Psychology of Mathematics Education* (Indianápolis, IN: Hoosier Association of Mathematics Teacher Educators, 2017).

p. 145 O movimento de positividade corporal promove modelos com obesidade mórbida: Danielle Moores, "Obesity", *Healthline*, 31 de julho 2020, disponível em: healthline.com/health/obesity (acesso em: 18 jan. 2022).

p. 145 Livro de Bradley Campbell e Jason Manning: *The Rise of Victimhood Culture: Microaggressions, Safe Spaces, and the New Culture Wars* (Nova York: Palgrave Macmillan, 2018).

p. 147 "a moeda moral natural do vitimismo": ver o capítulo "False Accusations, Moral Panics and the Manufacture of Victimhood", *in* Campbell e Manning, *The Rise of Victimhood Culture*.

CAPÍTULO 10

p. 154 "O que o liberalismo tem a seu favor são os fatos": Adam Gopnik, *A Thousand Small Sanities: The Moral Adventure of Liberalism* (Londres: Riverrun, 2019), 24.

p. 154 "Tudo começa com o ceticismo": Steven Pinker, *The Better Angels of Our Nature: The Decline of Violence in History and Its Causes* (Londres: Allen Lane, 2011).

p. 160 "um pouco menos brancos": Michael Lee, "'Whiteness Studies' Professor to White People: You're Racist If You Don't Judge by Skin Color", *Pluralist*, 29 de maio de 2019, disponível em: pluralist.com/robin-diangelo-colorblindness-dangerous/ (acesso em: 18 jan. 2022).

CONHEÇA TAMBÉM:

CAMPANHA

Há um grande número de pessoas vivendo com HIV e hepatites virais que não se trata. Gratuito e sigiloso, fazer o teste de HIV e hepatite é mais rápido do que ler um livro.

FAÇA O TESTE. NÃO FIQUE NA DÚVIDA!

ESTA OBRA FOI IMPRESSA
EM FEVEREIRO DE 2022